発達が気になる子の笑顔と「できた!」が増える

スタジオそら式

おうち療育メソッド

1 行動編

著
スタジオそら／
発達障害療育研究所

主婦の友社

CONTENTS

プログラム内で使っているカードなどの教材は、こちらからダウンロードしてお使いいただけます。➡

はじめに

「発達障害についてのテレビを見た。うちの子、発達障害かしら？」

「同じクラスのほかの子たちはみんなできるのに、うちの子だけ〇〇ができない……」

「何回教えてもうまくできない。私の教え方が悪いのかしら」

こんなふうに考えて、お子さんのためになんとかしたい、でも、どこから手をつけていいかわからない、どうやって教えたらいいかわからない。そんな保護者の皆さまに、これまでスタジオそらが蓄積してきたメソッドを、家庭でも実践できるかたちでお伝えしたく、本書を制作いたしました。

スタジオそらで提供しているプログラムは、発達がゆっくりなお子さんやさまざまな特徴をもったお子さんへの、早期支援による適応促進を目的としています。これらは「療育」として知られ、その中でもスタジオそらの療育は、応用行動分析や認知行動療法の観点に基づいてプログラムが作成されてきました。スタジオそらという特別な場所だけで実施されるよりも、お子さんたちが日常過ごすご家庭や幼稚園、保育園、学校でも、これらの療育プログラムが提供されることで、より効果が高まることが知られています。また、特別な準備を必要とするものばかりではなく、保護者の皆さまや先生方の普段の関わりに、ちょっと一工夫加えることで、効果的な支援につながることもたくさんあります。

すべてのプログラムに共通していることは、子どもたちの「できた！」という達成感を引き出すことをねらいとして作成されたという点です。子どもたちが「できた！」と感じられるための声のかけ方や指示の出し方の工夫、課題の設定の仕方やほめ方などのヒントがたくさん詰まっています。そして、子どもたちの「できた！」を目の当たりにすることで、関わるすべての方々の喜びにつながればと願っています。

スタジオそらの療育は、発達支援療育士®という、専門的な研修を十分に積んだスタッフが担当しております。本書には、発達支援療育士®のたくさんのアイディアと、それを裏づける専門的な観点がたくさん詰まっています。ただし、このプログラムがいわゆる完成形ではなく、一人ひとりのお子さんの特徴に合わせて支援方法を工夫し、またブラッシュアップさせながら発展していくものであると考えています。本書のプログラムと、コラムなどに散りばめられたさまざまなヒントをもとに、お子さんも保護者の皆さまも楽しみながらとり組んでいただけましたら幸いです。

発達障害療育研究所／顧問
小関俊祐

ASD　ADHD　LD

発達障害って何？

発達障害　いつ、どのようにしてわかる？

発達障害とは、脳が発達するプロセスにおいて、コミュニケーションや認知、運動、行動、学習、社会性などの偏りが生まれると考えられている障害のことです。物事を理解したり、判断したり、記憶したり、推論したり、思考したりする知的な機能の障害は小児期に発生します。発達障害の主な分類としては図１のようなものがあります。

最近は「大人の発達障害」が本やテレビなどで話題になっていますが、大人になってから急に発達障害になるということはありません。以前は発達障害という概念がなかったためにわかりにくかった特徴が、大人になってから顕著になったためと考えられています。

現在、小学校の低学年くらいまでの間に診断がつくことが多くなっています。１才半健診や３才児健診で言葉の遅れや行動の特徴、母子分離

主な特徴

自閉スペクトラム症（ASD）

Ⓐ他者とのコミュニケーションで困難を抱える

- 対人的コミュニケーションがむずかしい
- 相手の感情や場の雰囲気を感じとることが苦手
- 双方向的な会話や言葉の背後に見られる
  メッセージを読みとることが苦手

Ⓑ限定された反復する様式の行動・興味・活動

- 常同的で反復的な言葉や動きが見られる
- こだわりが強い

Ⓒ知覚の異常

- 感覚刺激（触覚、聴覚など）への過敏、
  あるいは鈍感

注意欠如・多動症（ADHD）

- **不注意**（注意がそれやすい、集中力が弱い、忘れ物が多い、片づけが苦手）
- **多動性**（ちょこまかと動き回る、じっと座っていられない、過度なおしゃべり）
- **衝動性**（衝動的に行動してしまう、順番が待てない、思いついたらすぐ発言）

限局性学習症（LD）

読字に関連する障害
（文章を読んで理解することの問題）

書字に関連する障害
（文字を書き写す、なぞることの問題）

算数に関連する障害
（数の概念形成、図形認知上の問題）

知的障害

論理的思考、問題解決、計画、抽象的思考、判断、学校での学習、経験からの学習といった、全般的な知的能力の獲得の遅れによって、社会生活における不適応が引き起こされる

図1 発達障害の主な分類

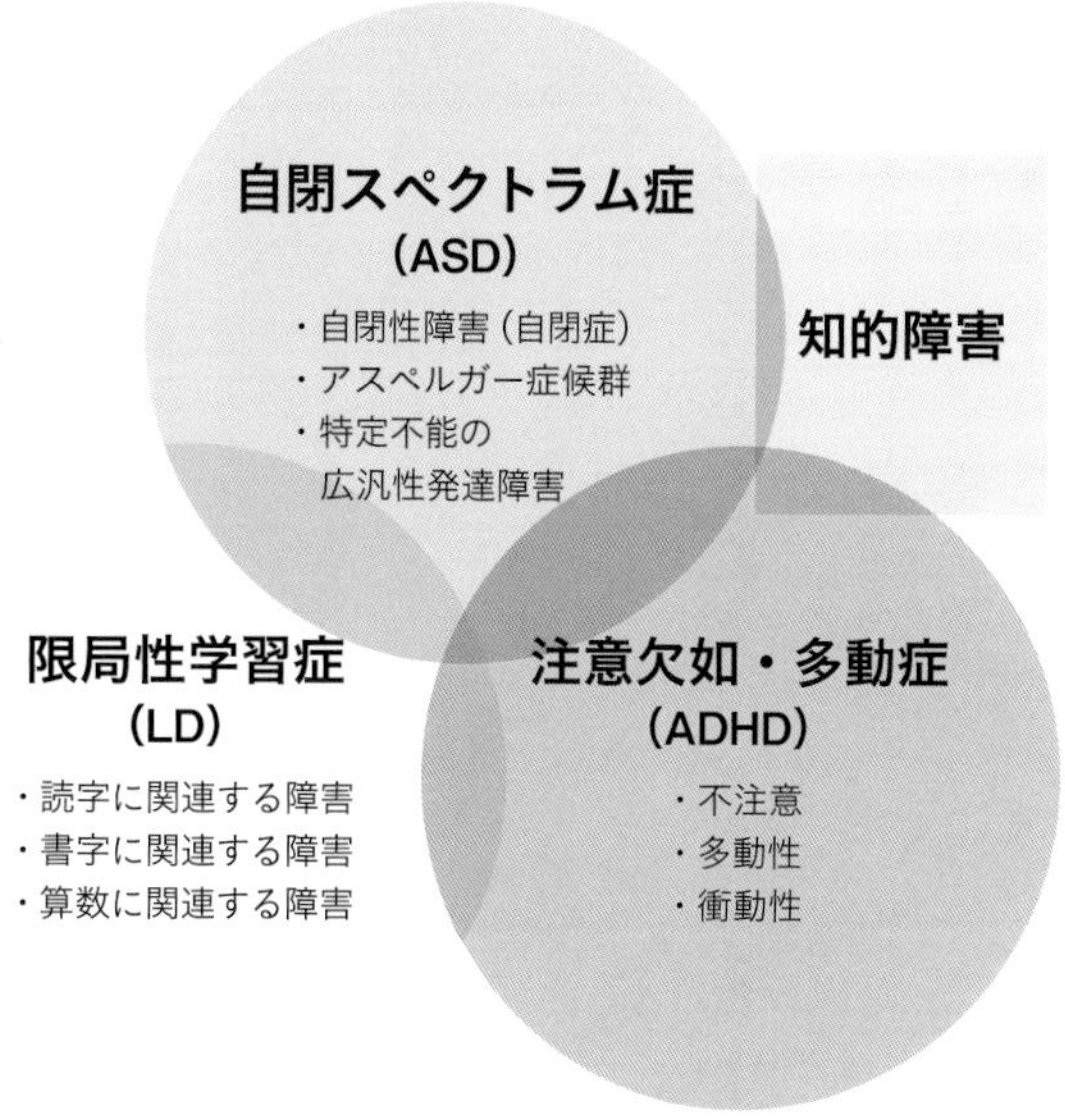

- 同じ診断名がついても特徴は人それぞれ違う
- すべての特徴が顕著な人もいるが、そうでない人もいる
- 友だち同士や学校生活などの集団場面で問題が顕著に出てくることが多い

の様子などをふまえて、経過観察や療育をすすめられる場合があります。また、保育園や幼稚園に入園後、集団生活の様子から、医療機関の受診や心理相談をすすめられる場合もあります。同様に、就学相談も子どもの特徴について客観的に観察される機会になるでしょう。

　小学校入学後や中学校入学後など、環境が大きく変化することで、発達障害の特徴が顕著になることもあります。

得意を伸ばすってどういうこと？「この子は比較的こういうことができそう」を見つけましょう

発達検査を受けて発達障害と診断されたら、うちの子は通常の発達と違うのか？と不安になる保護者の方もいるかもしれません。

発達障害の主な特徴としてあげられている項目は、多かれ少なかれ、だれにでも当てはまる特徴ともいえます。例えば「場の雰囲気を感じとることが苦手」という特徴は、「新しい場所に行って不安になると混乱してしまう」など、だれにでもあることです。また「不注意」という特徴も、何かしらに集中しているからこそほかのことに目が向きにくくなり、生じる特徴です。

発達障害とは、このようなできることとできないことの差が一般よりも大きく、顕著なものだと理解できるでしょう。すなわち、発達障害などの診断がついたからといって一般

発達障害は病気ではありません

医学的には「大脳高次機能の非進行性の障害が脳の発達期に生じたもの」といわれています。病気ではないので治るという性質のものではありませんが、非進行性ですから、どんどん悪くなることもありません。そのため、「治療」ではなく「療育」といいます。療育とは、１人ひとりの障害特性に応じて、今の困りごとの解決と将来の自立、社会参加を目指した支援をすることです。

の人と比べてできることが全然違うということや、できないことがたくさんあるというわけではありません。一般の人と同様に、得意な能力を伸ばしたり、不得意な分野を減らしたり、不得意な分野を得意な能力でカバーしたりする対応をしていくという視点をもつことが重要です。

ただ、必ずしも不得意なことをすべてなくさなければならないと考える必要はありません。学校生活では、不得意なことにもチャレンジしたり、苦手な状況も我慢したりして折り合いをつけることが求められます。しかし、大人になって仕事をするうえでは、不得意なことがあれば得意な人にお願いしたり、ほかのところでカバーしたり、スマホやパソコンなどのツールを使って補ったりといった対応や工夫も可能になります。

不得意なことが減るのに越したことはありませんが、それよりも「そもそもこの子が得意なことはなんだろう?」「得意な能力を伸ばせないか?」といった子どものいいところに目を向けていくことが、子どもを支援していくうえでは重要な視点です。「この子の好きなこと、夢中になっていることはなんだろう?」という視点で子どもの特徴を見ると、得意なことに気づきやすくなります。

診断名ありきではなく、日常生活の支障度をみながら支援していくことが大切

また、家庭や日常生活の中で子どもを支援していくことを考えると、診断名ではなく「日常生活の支障度」や「行動」に基づいて理解していくことが大切です。

例えば、どこでも衝動的に飛び出してしまう子どもがいたときに、それがＡＤＨＤの診断がついていてもついていなくても、その行動は危険です。危険な目にあわないための見守りや対策を立てるほかに、本人が困っているか、保護者も含めた周りの方が困っているかを考慮しながら支援していく必要があるかを考えるといいでしょう。

だれしもがもっている
不得意なことが
顕著に現れるのが発達障害。
得意なことを伸ばすことで、
不得意なことを
カバーしていきましょう

二次障害の予防には早期療育が重要

発達障害があると、うつ病や不安症などの精神疾患を併発しやすいといわれています。これらの精神疾患は、そもそもの発達障害の特徴として抱えている問題ではありません。しかし、人から認められにくかったり叱られたりというような失敗体験を積み重ねてしまいがちです。こういったことが原因で二次的に問題が生じるため、二次障害といわれています。このような二次障害は、あらかじめ不安が喚起されやすい場面を予測しておいたり、その対処法を身につけておいたりすることで予防することも可能だと考えられています。二次障害を予防するためにも、成功体験を蓄積するかたちでの早期療育が重要になります。

子どもの行動に注目すると、子どものことがわかってくる！

「行動観察」のポイント

よくない行動を減らそうとするより、いい行動を増やす働きかけを

「なんでこの子は私を困らせることばっかりするのよ！」「もっとできることが増えてくれたらいいのに…」、こう思ったときにこそ、よくない行動に目を向けるのではなく、いい行動にしっかりと目を向けて、「何がいい行動か」を具体的に家族と共有することをおすすめします。

　よくない行動を減らそうとすると、結果的に叱ることが中心の関わりになってしまいます。例えば、友だちをたたいてしまったときに「やめなさい」と叱ると一時的にたたく行動はやめるでしょう。しかしそのかわりに保護者をたたいたり、おもちゃを投げたりするなど、ほかのよくない行動が出現してしまう可能性もあります（図２）。

　このように、叱ることで一時的によくない行動を減らすことができても、そのかわりにいい行動が出現するのかよくない行動が出現するのかは、子どもしだいということになり

ます。さらに、子どもは叱られると、叱った人のことを怖いと感じたり、隠れてよくない行動をするようになったりする可能性も出てきます。

　反対に、いい行動を増やそうと働きかけてみましょう。いい行動を増やすためには、子どもの行動をほめることが有効です。ほめられることで、子どもがいい行動をどんどんするようになれば、相対的によくない行動は減っていくと期待できます。そしてほめてくれる人に対して、子どもは好意的な気持ちをいだきやすくなります。

行動に着目すると、関わる人みんなが子どもの様子を共有できる

いい行動を増やすにはどうしたらいいか？　そのポイントは子どもの「行動」に着目してみることです。

　行動に着目するとはどういうことでしょうか。例えば保育園や幼稚園、学校の先生から「今日は〇〇くん、がんばっていましたよ」と言われても、具体的に何をしたのかわかりません。しかし「今日、お友だちが泣いているときに、すぐに先生を呼びに来てくれたんです！」など、具体的な行動で表現されると、先生と保護者、あるいは子どもの間で具体的に共有することができます。

　子どもをほめるときにも、「えらかったね」というより「お友だちが困っているときに助けてあげられたんだね。えらかったね」と具体的な行動に着目して伝えることで、子どもも何をほめられているのか理解しやすくなります。具体的な行動に着目することには、関わる人みんなが子どもの様子を共有できるというメリットもあります。

図2

よくない行動といい行動への働きかけ

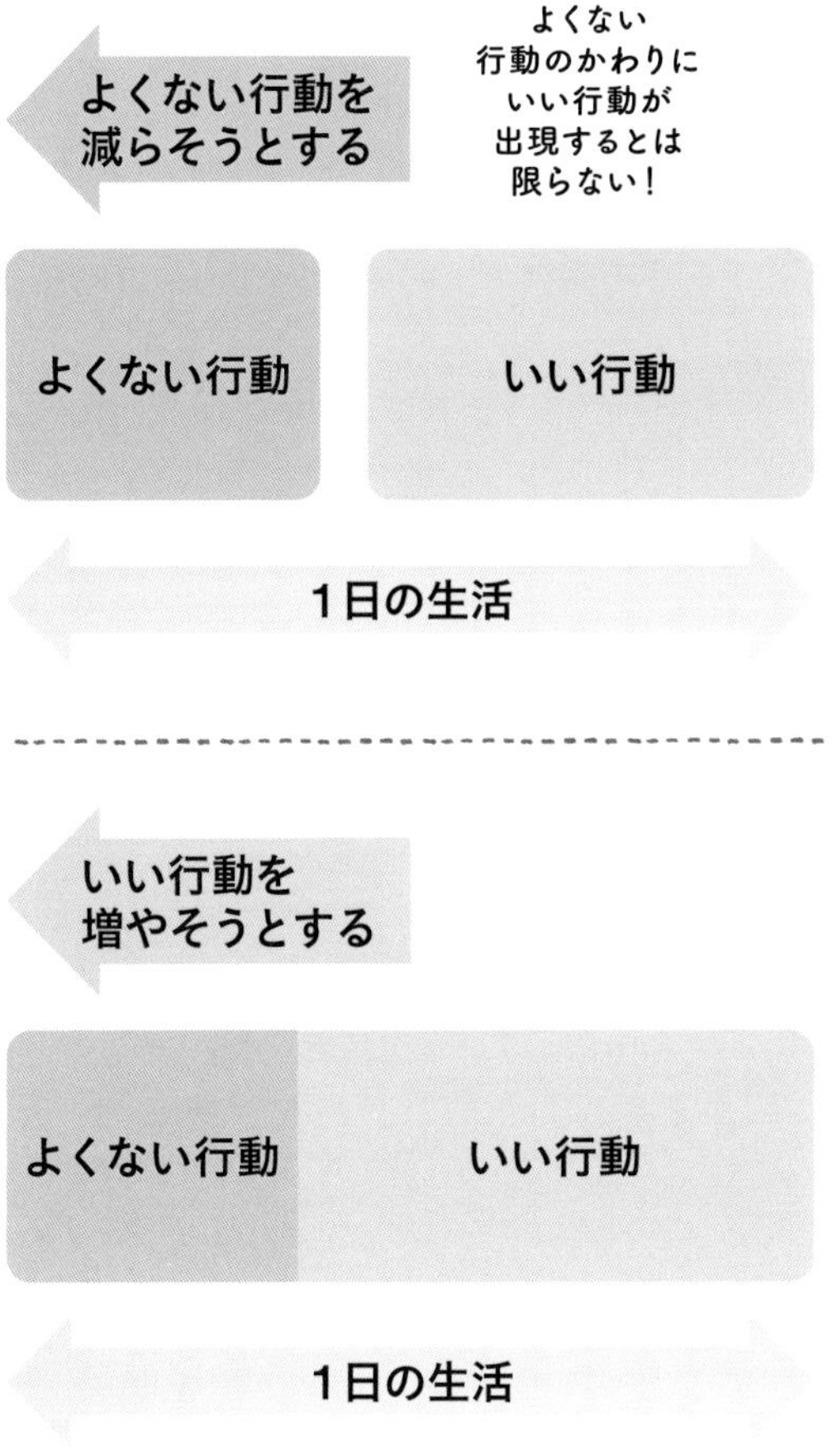

よくない行動を減らそうとしてその行動が減ったとしても、ほかのよくない行動をしてしまう可能性もあります。それよりも、いい行動を増やす働きかけをしましょう

きっかけ、行動、結果をワンセットで見ながら

子どもを支援するABA（応用行動分析）

行動には、必ず何かしらのきっかけがある

行動そのものだけでなく、行動のきっかけと結果にも着目してみましょう。例えば、「ちょっと手伝って」と言われたときにお手伝いをしたら「ありがとう」と言われたとします（図3）。このように行動には、必ず何かしらのきっかけがあります。この例以外にも、「お母さんが料理をしているのを見つける」「洗濯が終わったことに気づく」など、子どもが自発的に行動する際にも、きっかけは存在します。

何かしらのきっかけによって子どもが行動を起こし、その結果として自分にとっていいことがあると気づくと、再びその行動をするようになると考えられています。つまり、行動を維持するためには、何かしらのいいこと（結果）が起こることが必要だというわけです。

いい行動だけでなく、よくない行動にもきっかけがあります。例えば離席という行動には、つまらない、退屈だというきっかけがあったとします。離席をした結果、退屈が解消されたといういい結果が生じると、子どもは離席をくり返すようになります（図４）。

　この場合は、離席のきっかけである退屈さが生じなくなるような工夫をすることで、よくない行動である離席を減らすことができます。

　行動に着目して、きっかけ↓行動↓結果をワンセットで考えて子どもの支援をする。これは「ＡＢＡ（応用行動分析）」といわれる考え方のひとつで、療育の現場でも実際に使われている手法です。

働きかけが適切かどうかは子どもの行動が教えてくれる

　親は自宅でも、いい行動のきっかけを増やし、いい結果を示す。そして、よくない行動のきっかけは減らし、結果として得られるいいことをなくす働きかけをしてみましょう。「いい結果」は子どもによってさまざまなので、何が行動の維持に影響しているかをしっかりと見きわめることが大切です。

　こう聞くと「ちゃんとできるかしら？」と思ってしまいそうですが、むずかしく考えなくて大丈夫です。ほめても叱っても子どもとの関わり方が適切であればいい反応がどんどん増えますし、期待した反応が増えない場合は、そのやり方が子どもに合っていないということです。

「いくら叱ってもよくない行動をやめない」「効果がない」という場合は、「叱っても効果がない」ということなのかもしれません。このようなときは、きっかけや結果の部分を変えてみると、違った反応が出てくる可能性があります。答えは子どもが教えてくれるものです。わが子に合った方法は何かをいろいろと模索してみましょう。

図3

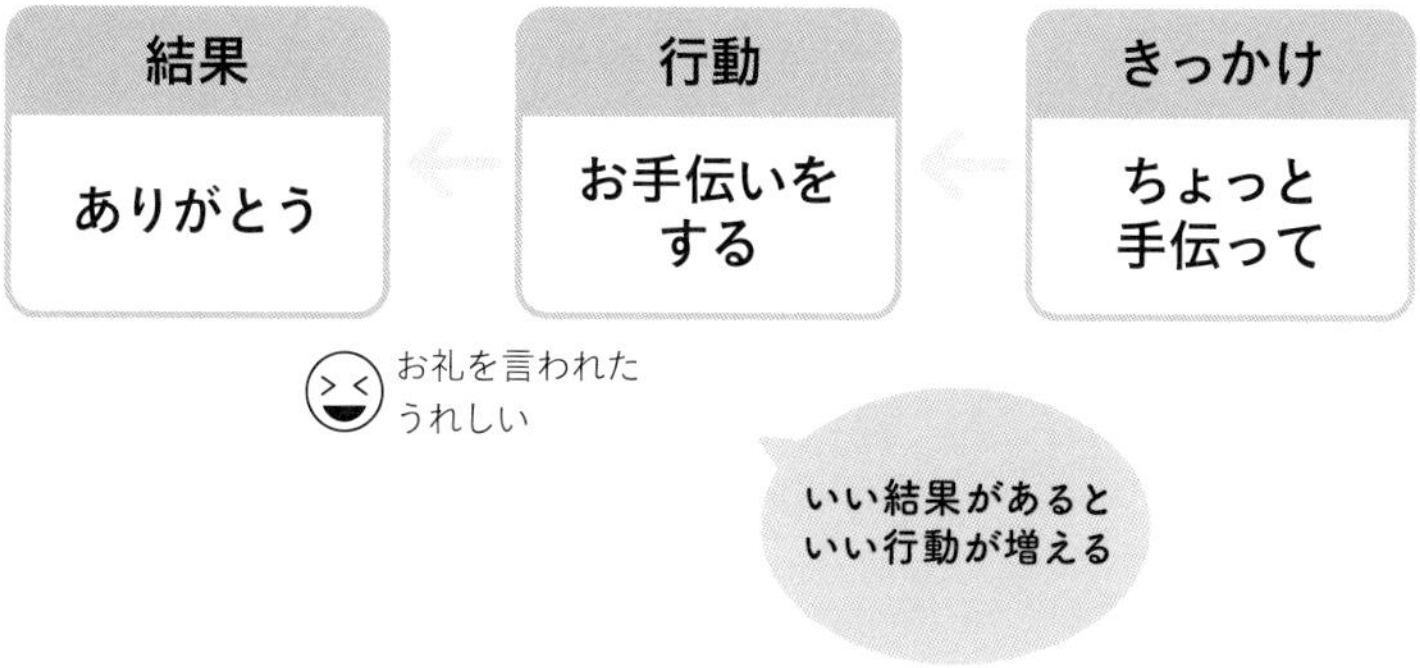

図4

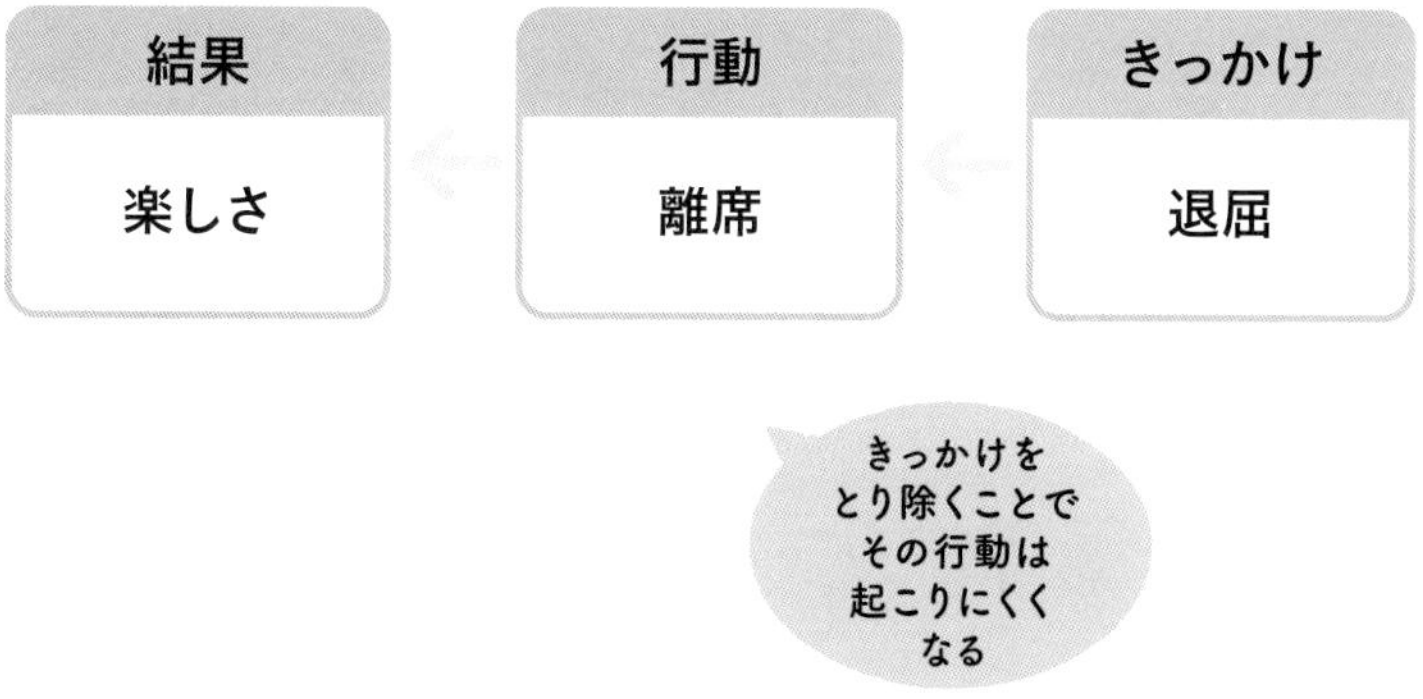

COLUMN

子どもの「できた」やいい行動を増やす

ほめる子育て

意図をもって、子どもに伝わるほめ方を

「ほめる」には、いろいろなメッセージが含まれています（①～⑦参照）。

子どもの「できた！」を増やすには、意図をもって、具体的にほめることが効果的です。ほめたことが子どもにしっかり伝わっているかどうかもポイントになってきます。例えば、ぬりえをしているときに「天才！すごい！」とほめられるよりも、「いい色選んだね」「上手にはみ出さないで塗れているね」と子どもの工夫や努力をくみとってほめることで、子どものやる気を高めることにもつながります。

子どもの年齢が高くなってくると「ほめてもあまり喜ばない」という場合もあるかもしれません。そのような場合でも、ほめたことがきちんと伝わっているかどうかは、ほめたあとの行動に着目すると理解することができます。例えば、お手伝いをしてくれたことをほめても、あまりうれしそうではなかったとします。しかし、次の日もお手伝いをしてくれたとしたら、ほめられたことがきちんと伝わっているから、ほめられた行動をまた、がんばってくれている証拠であると確認できるでしょう。

このようにほめることには「ほめた行動を増やす効果」があります。ほめたあとの様子に着目して、いい行動が増えることを確認しつつ、ほめる中心の関わりができると、子どもとの関係はよりよいものになります。

ほめるの意味

❶ よくできたね！という賞賛

❷ ちゃんとあなたを見てるよ、という注目

❸ その調子でがんばって！という励まし

❹ その方法で合ってるよ、という承認

❺ わー！ ありがとう！という感謝

❻ え！ そんなことできちゃうの!?という驚嘆

❼ 私もそれに賛成です！という同意

など、たくさんあります

お悩み別

おうち療育プログラム

Part 1

体を動かす・運動

Part 1は、日常生活の動作の基本となる
動きを楽しく身につけるプログラムです。
立つ、歩く、座るなどの大きな動き「粗大運動」と、
手や指を使ったこまかい動作の「微細運動」。
どちらも重要な動きです。

日常生活の動作のもととなる「粗大運動」と「微細運動」毎日少しずつとり組み、あせらずに見守りましょう

立つ、歩く、走る、座るなど、日常生活で必ず行う動作を「粗大運動」といいます。赤ちゃんが手足をバタバタさせ、寝返りやハイハイをし、つかまり立ちができ、歩けるようになる。このように粗大運動は自然の流れで獲得していくことが多いのですが、なかにはそれが苦手な子どももいます。粗大運動は日常生活の核となる運動ですから、苦手な場合は発達を促せるよう、支援していくことが大切です。

スポーツをするときや字を書く場面では、手と足、目と手など、複数の場所を同時に動かす「協調運動」も必要になってきます。例えばキャッチボールは、ボールを目で見て、「このへんに来るだろうな」と予測をし、そこに手を伸ばし、ボー

ルが来たら手を握るという複数の粗大運動が組み合わさったものです。このときにボールをうまくキャッチできないのは、目と手の協調運動が不十分であることが原因だと考えられます。このような高度な粗大運動も、個人差はありますが、トレーニングすることである程度補うことができます。

「微細運動」は、手や指を使ったこまかく精密な動作を必要とするものです。字を書いたり絵を描いたり、はしを使ったりすることや、積み木遊びやビーズ遊びも微細運動です。こまかい動きなので、難易度が高い運動もありますが、サポートしだいで発達を促進させることが可能です。

粗大運動も微細運動も、次のページからのプログラムを使って、**毎日少しずつとり組むことで、少しずつ上手になっていきます。あせらずに見守り、子どものチャレンジする姿勢や、運動自体に興味をもつことをほめるような声がけ**をしましょう。

お悩み

バランスをくずしやすい

公園などではしゃがんで遊ぶ場面が多いので、しゃがんだ状態をキープし、しっかりと立ち上がれるようになることを目指しましょう。バランスが安定すると転ぶことも少なくなります。

Step

1 できるかな？チェック

(どこでつまずいているか)

- □ しゃがむことがむずかしい
(例：砂場でおしりをついて遊んでいる)
- □ しゃがんだ状態から立ち上がることがむずかしい
(例：落ちた物を拾うときに転ぶ)

Step

2 これを目指そう

計画（目標）

立った状態からしゃがんで床にある物をとり、再び立ち上がることができる

しゃがむ動作と立ち上がる動作を分けて観察してみましょう。得意な動作のほうからとり組んでみてください。苦手な動作のほうにはサポートを多めにしてみましょう。

これを用意しましょう

- 中が見えない袋
- 食べ物のおもちゃ
- ぬいぐるみ

食べ物のおもちゃを口に入れないように注意しましょう。小さすぎるおもちゃの場合、誤飲の危険があります。立ち上がる際の転倒にも注意してください

Step 3

やってみよう！

もぐもぐぱっくん

中が見えない袋におもちゃの食べ物を入れておき、しゃがんでとり出し、立ち上がってぬいぐるみに食べさせてあげましょう。しゃがんで立つ、が楽しくできるようになるプログラムです。

❶ 袋の前に立つ

袋の中におもちゃの食べ物を入れておき、子どもが袋の前に立ちます

❷ 袋の中にある食べ物をしゃがんでとる

ぬいぐるみを子どもの頭よりも高い位置で持ち、「おなかすいたな～」などと声をかけましょう

❸ 立ち上がって「はい、どうぞ」

立ち上がってぬいぐるみに食べさせてあげましょう。親は「おいしい」「もぐもぐ」などぬいぐるみになりきって声をかけます

袋の中には何が入っているのかな？

初めはぬいぐるみを子どもの目に入る低い位置に。徐々に高さを上げていきましょう

立ち上がるときにふらつく場合は、手をつないで引き上げてあげましょう

できた！のためのポイント

- 食べ物の袋とぬいぐるみの距離を遠くしたり近づけたりして**むずかしさを調整しましょう**
- 手を使っても立ち上がることができたら、**「できたね！」と声がけ**を
- 慣れてきたら、**足元が不安定なベッドやソファの上**でチャレンジしてみましょう

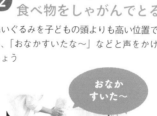

お悩み

バランスが不安定でよく転ぶ

バランスが不安定な原因には、筋力不足や姿勢の悪さなどが考えられます。よく転ぶということは、それだけ顔や頭をケガする可能性が高くなるので、安定して立てるようにしましょう。

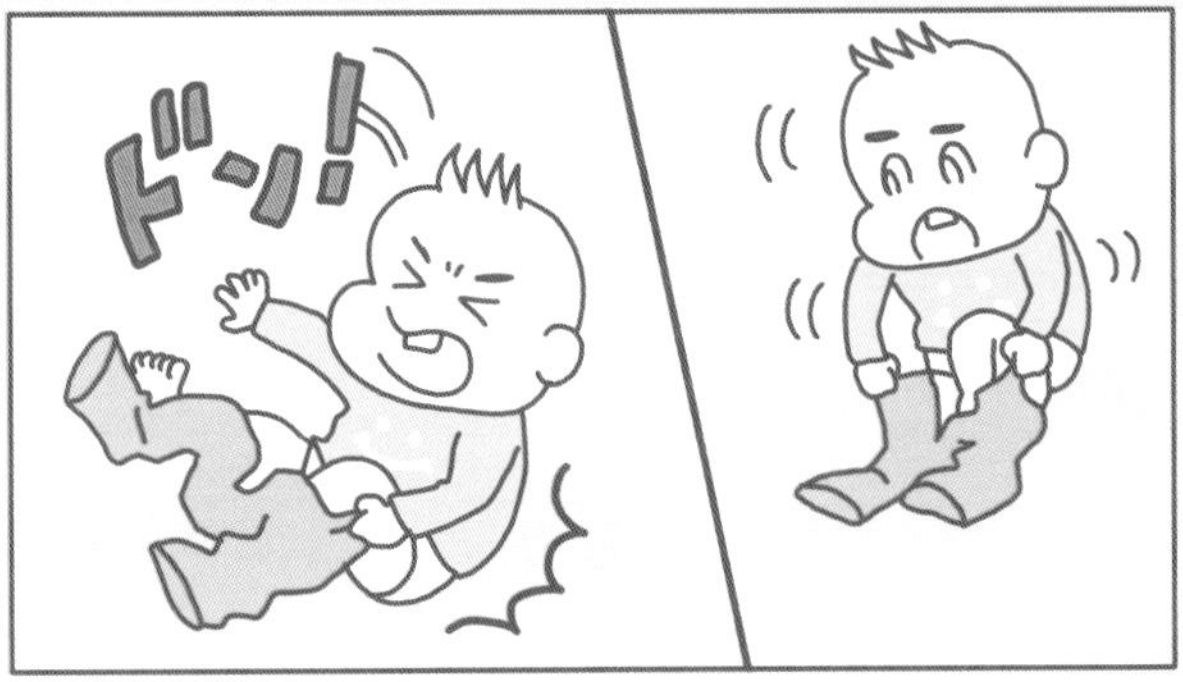

Step 1 できるかな？チェック
（どこでつまずいているか）

- □ 片足で立つことがむずかしい（例：靴やズボンを立ったままはけない）
- □ 立っているときに何かにもたれかかっている

Step 2 これを目指そう
計画（目標）

□秒間片足立ちができる

まずは2～3秒からスタートし、徐々に片足立ちできる時間を延ばしていきましょう。子どもと一緒に「い～ち、に～い……」と数を数えてあげると、数の理解も進みます。

これを用意しましょう

● マット

マットは立ち位置が変わらないようにするため。マットがなければテープを床に貼って目印にしてもOK

※□に目標の数字を記入しましょう

やってみよう！

Step 3 おっとっと

「子どもの足をタッチしようとする親」VS.「タッチされないように片足立ちになる子ども」で対決しましょう。「負けないぞ！」と声をかけ、勝負を意識させることでプログラムを楽しく行えます。

❶ 子どもが立ち、正面に親が座る

子どもがその場で立っていられるように、マットを置きましょう。テープやタオルなどで目印をつけてもOKです

❷ 「よーいスタート」で子どもの足をタッチ

親が子どもの足をタッチしようとし、子どもはタッチされないように足を上げてよけます。決められた秒数の間、タッチされずにその場にいられたら、子どもの勝ち！

立ち位置がわからない場合は見本を示してあげましょう

右！左！など
タッチの足を
教えてあげましょう

倒れそうになる場合は片足ずつ行い、倒れないように支えて練習しましょう

できた！のためのポイント

- 長い時間足を上げ続けられなくても、**少しでも足を上げられたら「すごい！」と声がけを**
- 慣れてきたら手を大きく動かし、子どもの足を**前後左右に動かすように働きかけ**をしてみましょう
- 「負けないぞ！」など、**勝負を意識した声がけ**をし、「ポン」「ピョーン」など**擬音語をたくさん入れる**と楽しくできます

ピョイ～ン

お悩み

歩いていて人や物にぶつかってしまう

周りを見ておらず、人や物によくぶつかってしまうというお悩み。自転車やかたい物にぶつかってしまうと危険なので、しっかりと周りを見ながら歩けるようになることを目指しましょう。

Step 1 できるかな？チェック

（どこでつまずいているか）

- □ 前方を見て歩いていない
- □ 周りに視線を移すことができない（例：歩いているときに人によくぶつかる）
- □ 障害物をよけて体の向きを変えることができない（例：止まっている自転車をよけて通れない）

Step 2 これを目指そう

計画（目標）

人や物をよけながら歩くことができる

家具などの静止している物だけではなく、動いている障害物もよけることができるようにとり組みましょう。移動しながら手紙を持ち続けることで、２つの課題を同時に実行する力を養います。

ハンドルのおもちゃがなくても、絵本やおぼんなどで代用することが可能です

これを用意しましょう

- **お手紙**（封筒でもOK）
- **ハンドルのおもちゃ**

やってみよう!

Step 3

よけて運んで郵便屋さん

親が車、子どもが郵便屋さんになりきって、車にぶつからないようにお手紙を運びましょう。前方や周りを見ながら障害物をよけて歩く練習になります。

❶ お手紙を持ってスタート

テープで２人が通れるくらいの幅のコースを作り、子どもはお手紙を持って、親はハンドルを持って車になりきり、それぞれ両端からスタートします

❷ 車とぶつかりそうになったら、よける！

コースを進み、車（親）とぶつかりそうになったらわきによけましょう

❸ ポストにお手紙を入れよう

箱やいすなどをポストに見立ててお手紙を入れます

床にテープを貼ったり、タオルやクッション、ひもなどでコースを作りましょう

よけるのがむずかしい場合やコースから出てしまう場合は、どこを通るか指さしして教えてあげましょう

できた！のためのポイント

- 避けられずにぶつかってしまう場合は、**「お手紙しっかり持てたね。次は車がきたら横に動いてみよう」**などと声がけを
- **「ぶつからずに進めたね」「よく見てたね！」**などの声がけも◎
- コースの距離を延ばしたり縮めたり、コースの幅を広くしたり狭くしたりして、**難易度を調整**しましょう

役割を交代しても楽しくできるよ！

お悩み

走っていて急に止まれない

赤 信号や車、自転車、通行人など、走っているときに急に止まらなければならない場面はたくさんあります。「赤信号や障害物を見て止まる」「声がけで止まる」ができるように練習しましょう。

Step

1 できるかな？チェック

（どこでつまずいているか）

- □ 声をかけても止まることができない（例：名前を呼んでも止まらない）
- □ 制止しないと止まることができない（例：信号を見ていない）

Step

2 これを目指そう

計画（目標）

全速力で走り、指示（目標物、声かけなど）で止まることができる

指示を理解し、行動に移す力を養います。どのような状況で行動してよくて、どのような状況で行動してはいけないかを認識することは、学校などの集団生活の場面でも必要な力です。

これを用意しましょう

- ひも
- 画用紙（赤・青）
- 割りばし

速く走りすぎて壁や家具にぶつからないようにしてください。止まるときも、勢いがつきすぎて転んでしまう場合もあるので、注意が必要です

やってみよう!

Step 3 なにいろ信号?

親が持つ青と赤の信号を見ながら、青のときは走り、赤のときは止まります。走っている最中でも信号を見られるような声がけを。室内で行うのがむずかしい場合は、公園などで地面に円を描いて行いましょう。

❶ スタート位置に立つ

ひもで大きめの円を作り、スタート位置を設定します。テープなどで示してあげるとわかりやすくなります

❷ 青のときは走る!

「よーいスタート」のかけ声とともに青信号を見せて、子どもが走り始めます

❸ 赤になったら止まる!

赤信号を提示したら止まります。色が変わったことに気づけない場合は「ピッ」や「変わったよ」など声がけをして補助しましょう

信号を見ながら走ったり止まったりしてみよう!

止まるのがむずかしい場合は子どもの前に手を出して視覚的に補助しましょう

できた!のためのポイント

- 「きちんと止まれてかっこいい!」「コースに沿って走れたね」「いいペースだね」など、**できたことにフォーカスして声がけを**
- 色を指示する**声がけや予告を増やしたり減らしたりして難易度を調節**しましょう
- 正しく止まれた際にポイントをつけ、**ポイント制にすると楽しさがアップ!**

よく見てピタッ

お悩み

すぐに転んでしまう

お にごっこや体育の授業などでは、走るスピードを調節したり、走っている途中で方向転換したりする機会が増えます。転ばずに走ることができるよう練習していきましょう。

Step 1 できるかな？チェック
(どこでつまずいているか)

- □ 走るスピードを調節できない
- □ 曲がる場所がわからない(例：曲がり角で大回りになる)
- □ 曲がった先に視線を移動させることができない
- □ 走りながら体の向きを変えることができない(例：おにごっこなどでも直線しか走れない)

Step 2 これを目指そう
計画(目標)

スピードを落として
カーブを曲がることができる

力の強弱をコントロールすることを身につけていきます。「速い」や「ゆっくり」を適切に理解できると、日常生活における指示でも活用することができます。

これを用意しましょう

- **クッションやタオルケットなど障害物になる物**
- **ゴールに置く物**
(お気に入りの物)

慣れてきたら公園など広い場所で、少しずつスピードを上げても障害物を適切によけることができるよう、チャレンジしてみましょう

やってみよう！

Step 3 すいすいドライブ

子どもの腰回りにタオルをかけ、親が両端をつかんで、障害物をよけながらコースを進みます。カーブで方向転換するときに、障害物がぶつからないように進みましょう。

① コースを作る

スタートとゴールを決めて、その途中にカーブができるように障害物（クッションなど）を置きます

② ぶつからないように進もう！

子どもの腰にタオルをかけて後ろで親が持ち、障害物をよけながら進みます。カーブにきたら「危ない！」「曲がって」など声がけを

③ ゴール

ゴールにはお気に入りのぬいぐるみやおもちゃを置いておきましょう

「この山はおにが出るぞー」などの設定でスピードの強弱をつけても◎

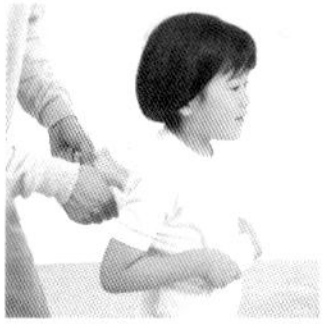

不安定な場合は子どももタオルを両手で握りましょう

転ばないで行けたよ！

できた！のためのポイント

- 障害物をよけて通ることができたら**「上手によけられたね」**と声がけを
- 慣れてきたらタオルをはずして子どもだけでやってみましょう。**障害物の数を増やしたり減らしたりして難易度の調整**をしましょう
- 「くまさんにくだものを届けに行く」など、**ゴールに向かう目的を意識づける**と楽しさがアップ！

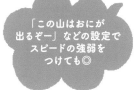

お悩み

階段を片足ずつ上り下りできない

階段を1段ずつ上る姿はかわいいですが、年齢が進むと片足ずつ交互に上り下りしてほしいと思うもの。階段の上り下りは少なからず危険が伴うので、安全を確保しながら練習しましょう。

Step 1 できるかな? チェック

(どこでつまずいているか)

- ☐ 段差を怖がる
- ☐ 片足で踏み込めない(例:1段ごとに足をそろえながら階段の上り下りをしている
- ☐ 手すりにつかまらないと、足を交互に出して上り下りすることができない

Step 2 これを目指そう

計画(目標)

階段を片足ずつ交互に上り下りができる

片足で立つことが苦手な場合、「おっとっと(p.20～21)」の課題から始めましょう。階段を上がる際に「右、左」と声をかけることで、左右の理解も深まります。

写真の踏み台は、100円ショップなどで購入できる発泡スチロール製のブロック。商品によって耐荷重が異なるので確認してから使用しましょう

これを用意しましょう

- **踏み台**
  (ガムテープや養生テープでくっつけて階段を作る)
  ※自宅の階段でも練習できます
- **動物のカード**
- **動物の足あと**
  (テープに描いて　踏み台に貼る)

やってみよう！

Step 3 だれのあしあと？

動物の足あとを階段に貼り、足あとに沿って上ると、その動物が出てきます。「だれの足あとかな？」とワクワクしながら階段を左右交互に上る練習ができます。いろいろな動物の足あとでやってみましょう。

❶ 階段に足あとを貼る

動物の足あとをテープに描き、1段ずつ交互に貼ります。※ガムテープよりも養生テープのほうがはがれやすいのでおすすめです

❷ 足あとに沿って上ろう

足あとに足を合わせて、1歩ずつ上りましょう

❸ だれの足あと？

上りきったら、動物のカードを見せたり渡したりしましょう。いろいろな足あとでチャレンジしてみて

足あとを意識できるよう指さしをして教えてあげましょう

ふらつく場合は手をつないで、「1歩ずつ」など声がけを

できた！のためのポイント

- 左右交互に足を出せたら**「反対の足で上れたね」と声をかけましょう**
- **階段の高さを上げたり下げたり、段数を増やしたり減らしたり**して難易度の調節をしましょう
- 上っているときに動物の大きさに合わせて、**「ドシン」「トントン」など足音の声真似をして、何の動物かヒントを出す**と楽しさがアップ！

お悩み

ジャンプが両足そろわない

お 友だちに比べて、うちの子のジャンプはぎごちない……と思うとなんだか不安になってしまいます。まずは、どこでつまずいているかを探して、そのポイントから練習しましょう。

Step 1 できるかな?チェック
（どこでつまずいているか）

- □ ジャンプをする前に ひざが曲がっていない （ひざが伸びている）
- □ 重心を前に移動することができない （その場に着地してしまう）
- □ 両足で着地ができない （片足ずつ着地している）
- □ つま先立ちができない
- □ 低い段からジャンプして下りることができない

Step 2 これを目指そう
計画（目標）

□cmの高いところから ジャンプで着地することができる

写真で使用している踏み台の高さは約10cmです。子どもが怖がらない高さからスタートし、徐々に高いところからジャンプできるようにしていきましょう。

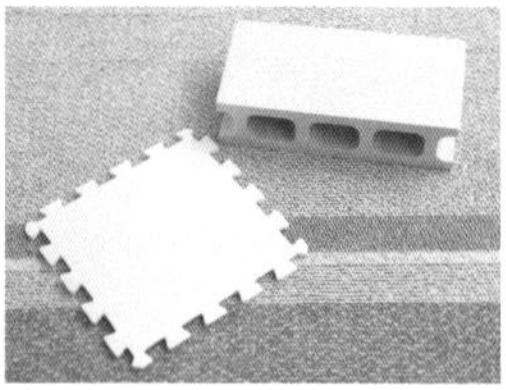

これを用意しましょう

- **踏み台**
- **着地用のマット**
（布団などやわらかいものであればOK）

おうちの中や公園などで、子どもがジャンプできるような場所を一緒に探してみることもいいでしょう

※□に目標の数字を記入しましょう

やってみよう！

Step 3 ヒーロージャンプ

踏み台からジャンプをして、着地のときにヒーローになりきって好きなポーズを決めましょう。親子でかっこいいポーズや難易度の高いポーズを真似し合うのも楽しく行うポイントです。

＼かっこいいポーズを決めよう！／

❶ 踏み台に上ってひざを曲げて…

踏み台に上ってひざを曲げて、ジャンプする姿勢をつくります。子どもが怖がらず、無理なく上れる高さで行いましょう

❷ ジャンプ！

マットの上に着地できるようにジャンプします

❸ 着地したら好きなポーズで止まる

着地したら好きなポーズをしましょう。ヒーローやプリンセス、好きなものになりきってポーズを決めて！

台に上るのがむずかしい場合は、手伝ってあげましょう

ひざを曲げるのがむずかしい場合、「ギュー」などの声がけや、両手を引き下げてサポート

着地でバランスをくずす場合は、手を支えて手伝ってあげましょう

できた！のためのポイント

- ジャンプする台を高くしたり低くしたり、着地の距離を遠くしたり近くしたりして、**むずかしさを調節しましょう**
- 着地の際に **手をついてもOK**
- 両足で着地ができなくても**「かっこいいね！ 次はピタッと止まれたらもっとかっこいいよ！」**などの声がけをしましょう

※2段重ねにするときは、2つがはずれないように接着して使用してください

お悩み

続けてジャンプができない

なわとびやダンスをする際には、連続でピョンピョンとジャンプすることが必要になってきます。楽しくプログラムを行って、身につけていきましょう。

Step 1 できるかな？チェック（どこでつまずいているか）

- □ 1回は前方にジャンプできるが、連続だとだんだん足がバラバラになる
- □ 続けてジャンプをしようとすると、だんだんひざが曲がらなくなる
- □ 続けてジャンプをしようとすると、着地も跳ぶときも足がバラバラになる

Step 2 これを目指そう 計画（目標）

前方に連続で□回ジャンプすることができる

最初は２～３回からスタートし、慣れてきたら徐々に回数を増やしていきましょう。このプログラムによってジャンプしながら体の向きを変えるのを促すことが可能です。

これを用意しましょう

- **ひも**
- **クッションやタオルなど**

円の中心とジャンプする範囲がわかれば、ぬいぐるみやカーペットなどで代用することもできます

※□に目標の数字を記入しましょう

やってみよう!

Step 3 ぐるぐるジャンプおに

円に沿ってジャンプでぐるぐる回りながら、おにごっこをしてみましょう。「ピョンピョン」と声をかけながら楽しい雰囲気で行うことがポイントです。

1 ひもで円を作る

ひもで円を作り、中心地点にクッションなどを置きます

2 同じ方向にジャンプで進むよ

子どもと親が円の反対側に立ち、同じ方向にジャンプで進みます

3 ジャンプしながらおにごっこ

「ピョンピョンで進むよ」などと声がけをしながらおにごっこ。タッチされたら反対向きになり、役割を交代しましょう

ジャンプで進む方向を事前に伝えておきましょう

できた!のためのポイント

- ゆっくりでも跳べていたら**「ピョンピョン、上手だね」「両足で進めてすごい!」など、声がけ**をしましょう
- **円を大きくしたり小さくしたりして、難易度を調節**しましょう。**むずかしければ円ではなく直線で**行いましょう
- スタートの合図を動物の泣き声や効果音などにして、**音によって「走る」「歩く」「ジャンプ」などに変えて楽しく行いましょう**

お悩み

ケンケンができない

ケンケンがうまくできない場合は、片足でひざを曲げたり、バランスをとったりといったことに課題があります。楽しく体を動かしながらケンケンを覚えましょう。

Step 1 できるかな？チェック（どこでつまずいているか）

- □ 片足でひざを曲げられない
- □ 片足で地面をけることができない（例：片足で踏み切ることができない）
- □ 片足で着地することができない（例：片足で着地するときにバランスをくずす）

Step 2 これを目指そう 計画（目標）

きき足を使ってケンケンで□歩前進できる

まずはケンケンで２歩前進できることを目標としましょう。徐々にケンケンの距離を延ばしたり、スピードをゆっくり、速くなど、調整したりすることにもチャレンジしてみてください。

これを用意しましょう

- テープ

印になるものがあればいいので、タオルやひもなどでもOK。養生テープだとはがしやすいでしょう

※□に目標の数字を記入しましょう

やってみよう！

Step 3 むくむく進化

じゃんけんで勝ったら事前に決めた動物に進化して進むプログラムです。
動物のなかにフラミンゴを入れて、ケンケンの練習をしましょう。

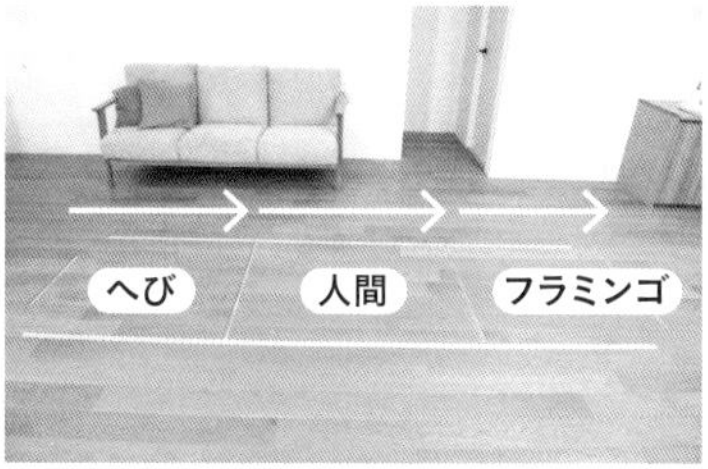

1 歩き方を決める

テープで等間隔のコースを作り、１カ所目まではへび（ずりばい）、２カ所目までは人間（歩く）、３カ所目まではフラミンゴ（ケンケン）など、区間ごとの歩き方を決めておきましょう

覚えられない場合は、動物の名前を書いておきましょう

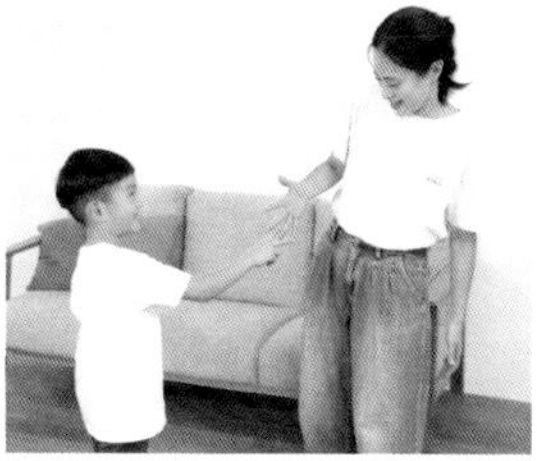

2 じゃんけんぽん！

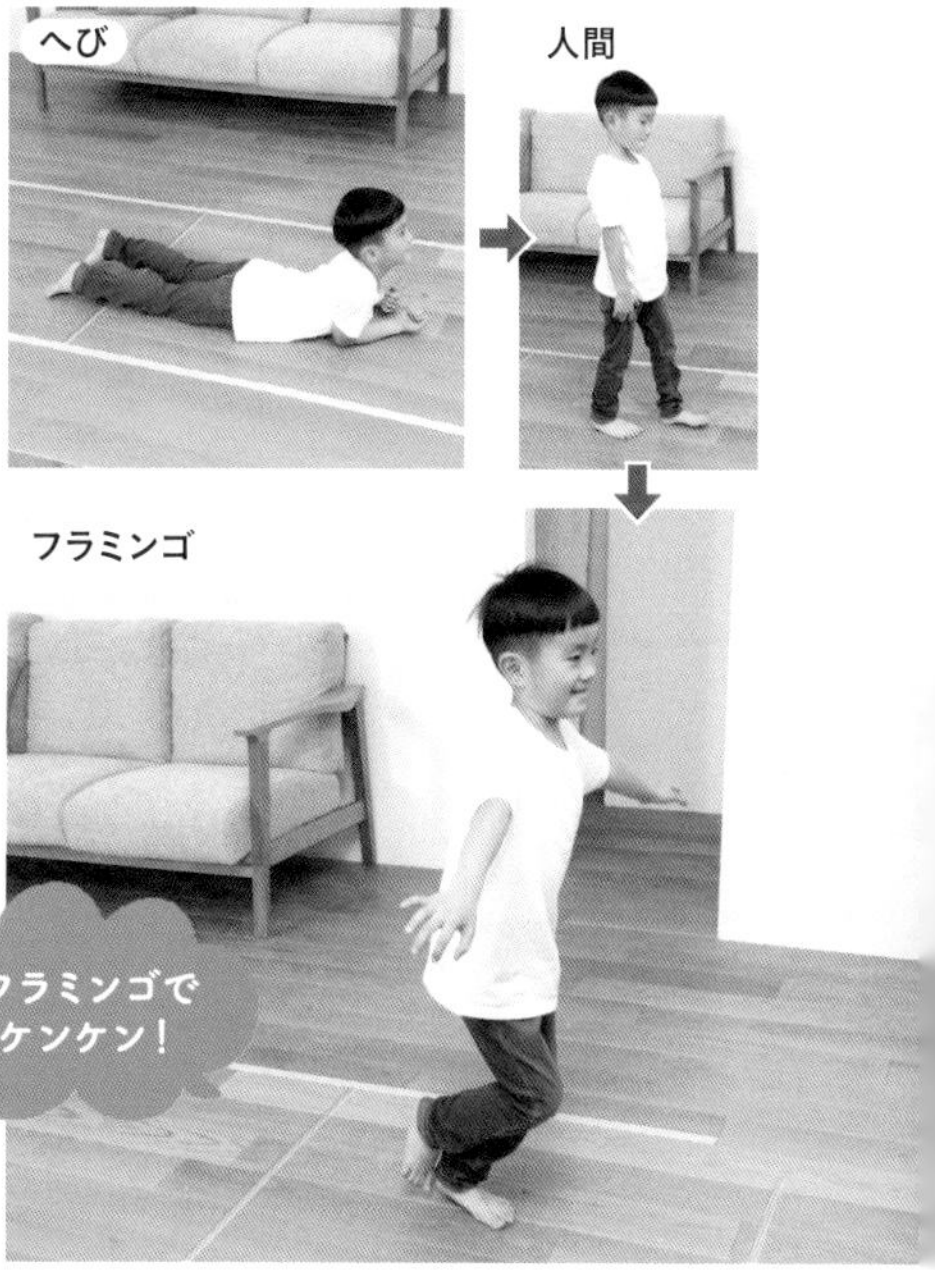

3 勝ったら進化できる！

じゃんけんをして勝ったら、１マスずつ決められた動物の歩き方で進化できます。最後はケンケンができるように設定しましょう

ケンケンがむずかしい場合は手をつなぐなど身体補助をして

できた！のためのポイント

- １区間の**距離を延ばしたり縮めたりして、難易度を調整**しましょう
- 「（動物に）**なりきれているね！」など声がけ**を
- **親子で一緒に動物を考えたり、鳴き声を発しながらチャレンジ**したりすると楽しさがアップ！

お悩み

水筒のふたがあけられない

遠足やお友だちだけで公園で遊ぶ場面など、親がいないときに水筒やペットボトルのふたをあける機会も出てきます。少しずつ練習して、できるようにしておきましょう。

Step 1 できるかな？チェック

（どこでつまずいているか）

- □ びんやペットボトルの下のほうを片手で固定することができない
- □ 片手で、ふたをおおうようにして持つことができない
- □ 手首をひねってふたをあけることができない（例：水筒のふたやペットボトルをあけることができない）

Step 2 これを目指そう

計画（目標）

ふたをひねってあける（閉める）ことができる

ふたを持つ指先のコントロールと、ペットボトルを支える手の力のコントロールも求められます。うまくいかない場合には、親がペットボトルを支え、ふたをあけることに集中させましょう。

これを用意しましょう

- ペットボトル
- 動物などのイラストを描いた紙

動物のイラストを上下で半分に切り、セロハンテープなどでペットボトルに巻いて貼りましょう

やってみよう!

Step 3 ぴったんこ

上下半分に切ったイラストをペットボトルに貼り、絵合わせをします。絵合わせを楽しみながら、上手にひねることが身につくプログラムです。

❶ くるくるひねって絵合わせをしよう

半分に切ったイラストをペットボトルの上下に貼り、自分で本体を押さえながらひねって絵を合わせましょう

くるくるひねるの楽しいね!

くるくる上手だね

上手に回すのがむずかしい場合は子どもの手をとり一緒に回しましょう

何が出てくるかな?

ペットボトルを押さえてあげると上手に回せる場合も

できた!のためのポイント

- 「○○が出てきたね!」など**達成感が得られるような声がけ**を
- 絵の大きさを小さくしてひねる範囲を広げたり、大きな絵でひねる範囲を狭めたり**難易度を調整**しましょう。また、ペットボトルのサイズを小さくすると難易度が上がり、大きくすると難易度が下がります
- **子どもが好きなキャラクターや動物を使う**と楽しくできます

お悩み

手先が不器用

指先を使ったこまかい動きは、洗濯ばさみを使ったりボタンをとめたりするときなど、生活のさまざまな場面で必要になります。まずは洗濯ばさみを使って指先を使う練習をしてみましょう。

Step 1 できるかな？チェック
（どこでつまずいているか）

- □ 親指と人さし指の先端を合わせることができない
- □ 手でピストルの形をつくることができない
- □ 親指と人さし指で物をつまみ、持ち上げることができない（例：ビー玉など小さい物を手で握ってしまう）
- □ 親指と人さし指で洗濯ばさみをつまみ、開くことができない

Step 2 これを目指そう
計画（目標）

洗濯ばさみを親指と人さし指でつまみ、物をはさむことができる

洗濯ばさみの正しい位置を親指と人さし指で押さえることに加え、洗濯ばさみを開くための力も必要な課題です。人さし指に中指も添えることでつまみやすくなります。

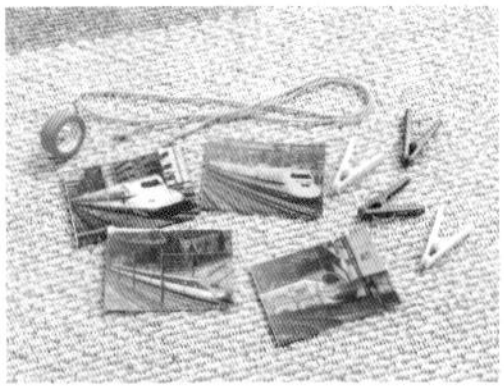

新幹線の絵カードのかわりに、子どもと絵を描いてはさんでもOK

これを用意しましょう

- 洗濯ばさみ
- 新幹線の絵カード
- 毛糸
- テープ

Step

やってみよう！

3 びゅんびゅん新幹線

新幹線の絵カードを洗濯ばさみではさみ、斜めに貼った毛糸に沿わせて新幹線を走らせましょう。新幹線の絵カードのかわりに、子どもと絵を描いてはさんでもOKです。

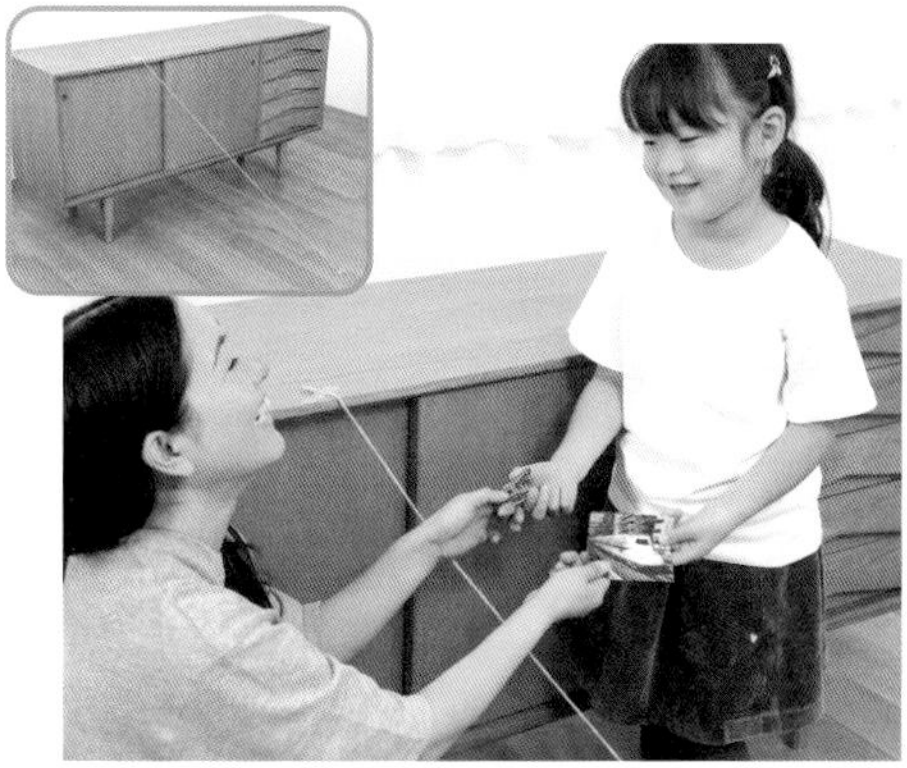

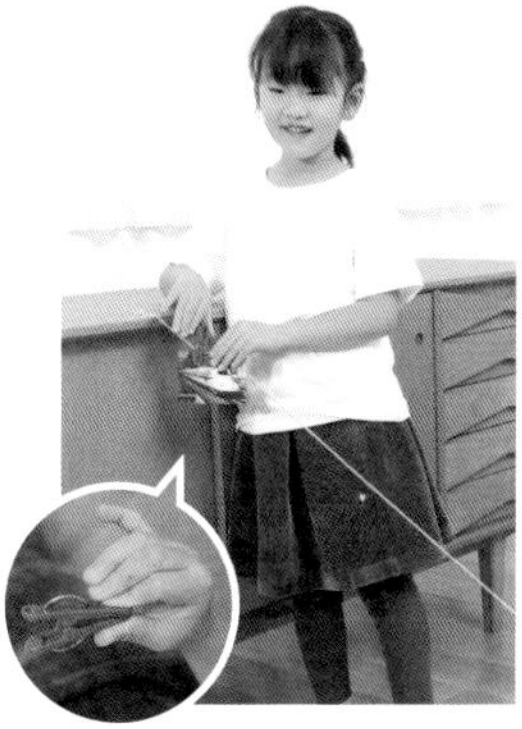

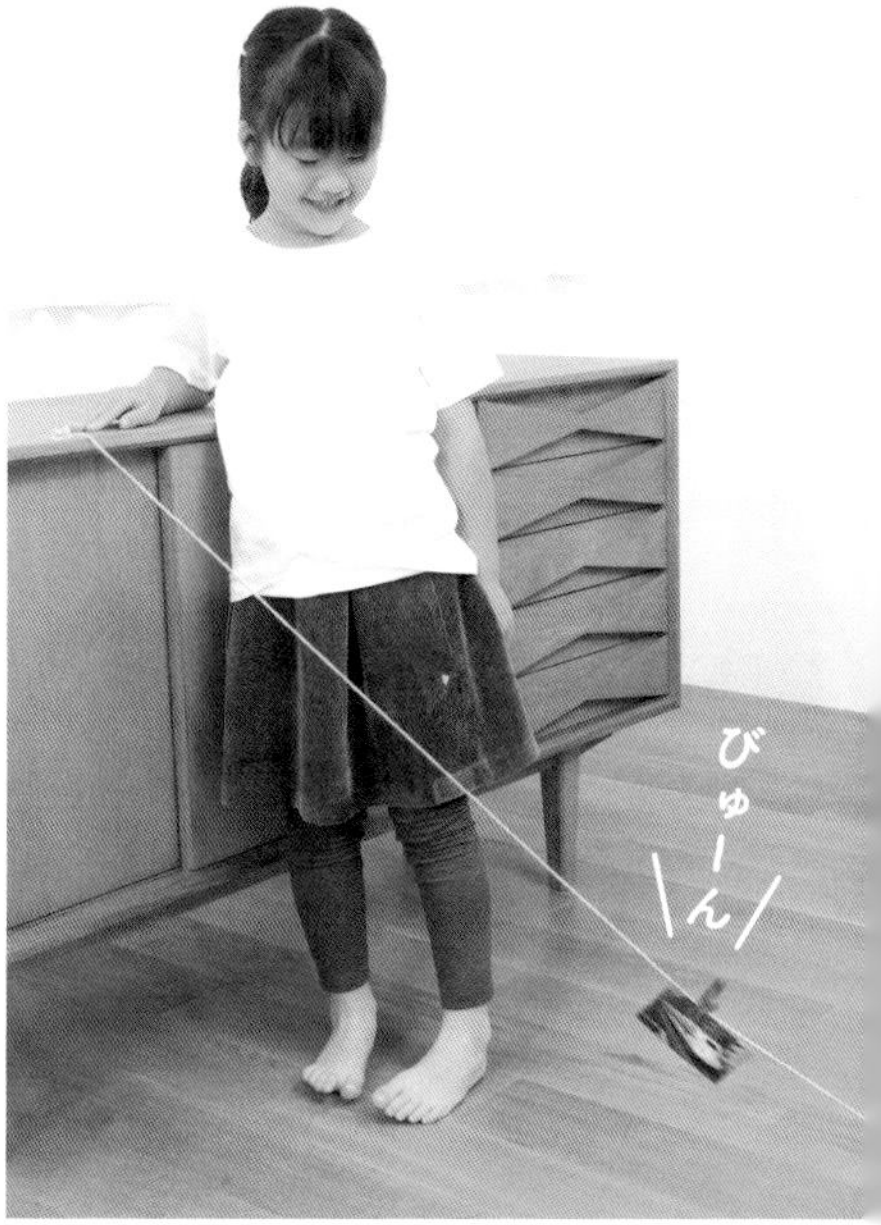

❶ 洗濯ばさみと絵カードを持つ

少し高いところから床に向かって毛糸をテープでとめておき、子どもに洗濯ばさみと絵カードを渡します

❷ 洗濯ばさみではさもう

毛糸とカードを洗濯ばさみではさみます

❸ 新幹線びゅーん！

手を離すと新幹線カードがびゅーんとおりてきます

きき手に洗濯ばさみを持たせましょう

むずかしい場合は子どもの指の上から親が一緒につまんで補助しましょう

できた！のためのポイント

- **指先でつまめなくてもOK。**つまめたら「すごいね」など、たくさん声がけをしてあげましょう
- **軽い力で開く木製のミニ洗濯ばさみ**を使うと難易度が下げられます
- **慣れたらさまざまな向きからはさむ**ように促してみましょう

発達段階に合わせてレベルアップを

つまみ方は熊手握り→親指と人さし指の腹でつまむ→ピンセットつまみ→親指と人さし指の指先を使う順で発達するため、その子の発達段階に合わせましょう

お悩み

工作が苦手

保 育園や幼稚園、小学校でセロハンテープやはさみを使って工作する際、上手にできないと苦手意識をもってしまいます。まずはマスキングテープから練習してみましょう。

Step

1 できるかな？チェック

（どこでつまずいているか）

- ☐ セロハンテープを持って引っぱることができない
- ☐ 斜めに力を入れて、セロハンテープを切ることができない（例：セロハンテープを切れず、どんどん伸びてしまう）
- ☐ テープを適切な長さに切り、具体物に貼ることができない（例：物に貼る前に、セロハンテープ同士がくっついてしまう）

Step

2 これを目指そう

計画（目標）

セロハンテープを使って具体物を貼りつけることができる

テープをつまむ、引っぱる、切るの動作が求められる課題です。また、引っぱるときに力を入れすぎてしまうと、テープが長く出るので、力のコントロールも重要になります。

マスキングテープのほうがちぎりやすいため、おすすめです

これを用意しましょう

- 台紙
- セロハンテープ（マスキングテープ）

やってみよう!

Step 3 線路をつくろう

電車が描いてある台紙にテープを貼って、線路を作ってみましょう。切りやすさや貼り直しのしやすさの観点から、初めはマスキングテープで練習するのがおすすめです。

❶ テープを切ろう

テープを引っぱって、斜め下に力を入れて切ります

やり方がわからない場合は、親が見本を示しましょう

❷ 線路に貼ろう

端と端を持って線路にテープを貼りましょう

台紙に手を添えて動かないようにしたり、子どもの両手に手を添えて貼り方を補助したりしましょう

できた!のためのポイント

- テープを短く切ると難易度が下がり、長く切ると難易度が上がります。**発達に合わせて調整**しましょう
- 電車だけでなく**好きな乗り物**にすると楽しさがアップ!
- **慣れてきたら難易度が高いセロハンテープにもチャレンジ**しましょう

お悩み

鉛筆の持ち方が気になる

鉛筆を正しく持つと、よけいな力を入れずに文字が書けます。ただ、無理に矯正しようとすると、書くことが嫌いになってしまう可能性もあるので、楽しみながら練習しましょう。

Step 1 できるかな？チェック
（どこでつまずいているか）

- □ 鉛筆をグーで握って持つ
- □ 中指で鉛筆を支えることがむずかしい
- □ 親指が上を向いてしまう（親指のつけ根で支えている）
- □ 鉛筆の持ち方にくせがある
- □ 鉛筆が正しく持てていない

Step 2 これを目指そう
計画（目標）

鉛筆を正しく持つことができる

書くことに苦手意識をもたせないよう、「正しい持ち方じゃない！」のメッセージは極力控えましょう。まずは書くことに興味をもたせ、その後上手に書くための正しい持ち方を教えていきましょう。

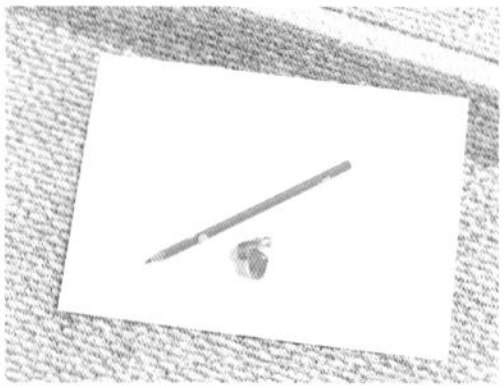

これを用意しましょう

- **鉛筆**
- **紙**
- **丸シール、グリップ**（必要に応じて）

なめらかに線を引くことができるように、ホワイトボードと水性マーカーを使用することもおすすめです

Step 3

やってみよう！

3・2・1ロケット

「3・2・1」の声がけで鉛筆を三指持ち（p.83、85参照）。「3・2・1」のカウントダウンに合わせることで三指で持つという意識づけをしましょう。

ロケット発射！

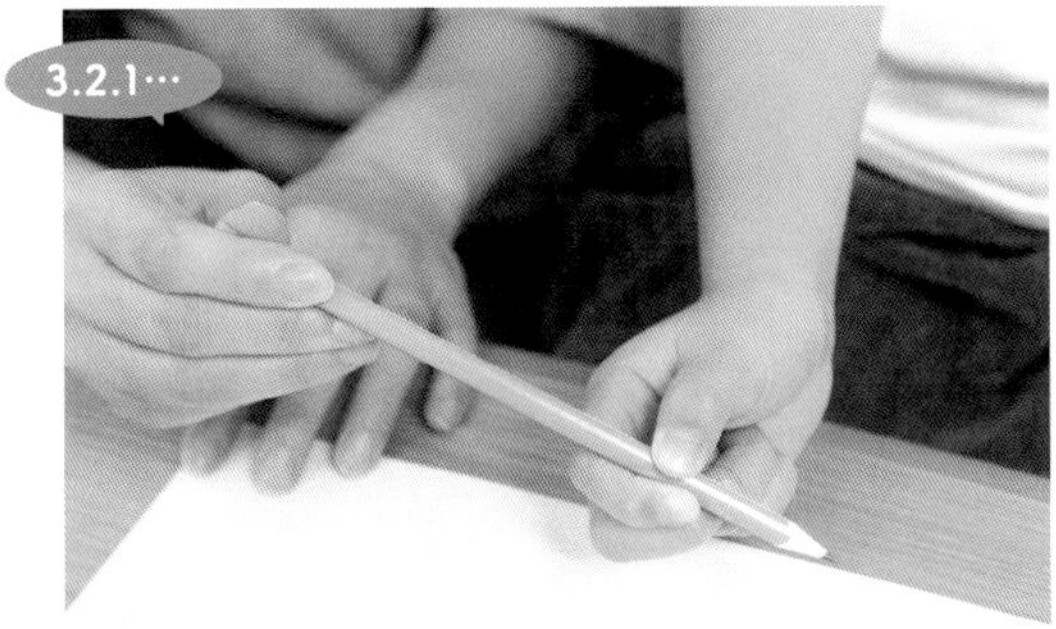

❶ 鉛筆を三指持ちして…

「3・2・1」の声がけに合わせて、子どもが親指、人さし指、中指を正しい位置に合わせます。親は鉛筆の端を持ちましょう

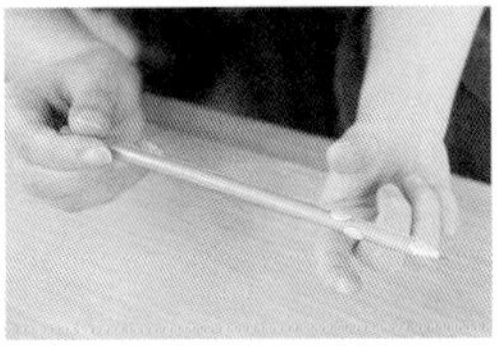

正しい位置がわからない場合は鉛筆に丸シールを貼ったり、市販のグリップを使いましょう

❷ ロケット発射！

「ロケット発射！」のかけ声で親が鉛筆を離し、絵や文字を書きます

見本を見せたり、紙を手で押さえたり、子どもの手を上から握って書くのを補助しましょう

できた！のためのポイント

- **「三本の指で持てているね」「きれいな持ち方だね」**などの声がけを
- 「3・2・1」の**カウントダウンを速くしたり遅くしたりして難易度を調整**しましょう
- 「発射！」の合図で大きく描けるよう、**大きな紙を準備**してみましょう

持てたよ！

お悩み

消しゴムで字を消すことが苦手

鉛筆と違って、正しい持ち方や消し方を教えてあげる機会が少ない消しゴムの使い方。小学校に入ると消しゴムを使う機会が増えるので、家で楽しみながら練習してみましょう。

Step 1 できるかな？チェック

(どこでつまずいているか)

- ☐ 片手で紙を押さえることができない
- ☐ 消しゴムを三点持ちできない
- ☐ 上下に消しゴムを動かして消すことができない
- ☐ 左右に消しゴムを動かして消すことができない
- ☐ 消したときに紙が破れてしまう、ぐしゃぐしゃになってしまう

Step 2 これを目指そう

計画（目標）

鉛筆で書かれた文字を消しゴムで消すことができる

消しゴムをつまむ、消しゴムを動かす、もう片方の手で紙を押さえるということが必要な課題です。消しゴムを動かす際の力の強弱のコントロールも養うことができるでしょう。

これを用意しましょう

- 鉛筆
- 消しゴム
- イラストが描かれた紙

消しゴムは消しやすい素材で、子どもの手に合った大きさのものを選びましょう

Step 3

やってみよう！

ごしごしおふろタイム

鉛筆で塗りつぶされたイラストを消しゴムでごしごしきれいに洗ってあげましょう。鉛筆と同じように、三本の指で消しゴムを持つことを意識しながら行ってみましょう。

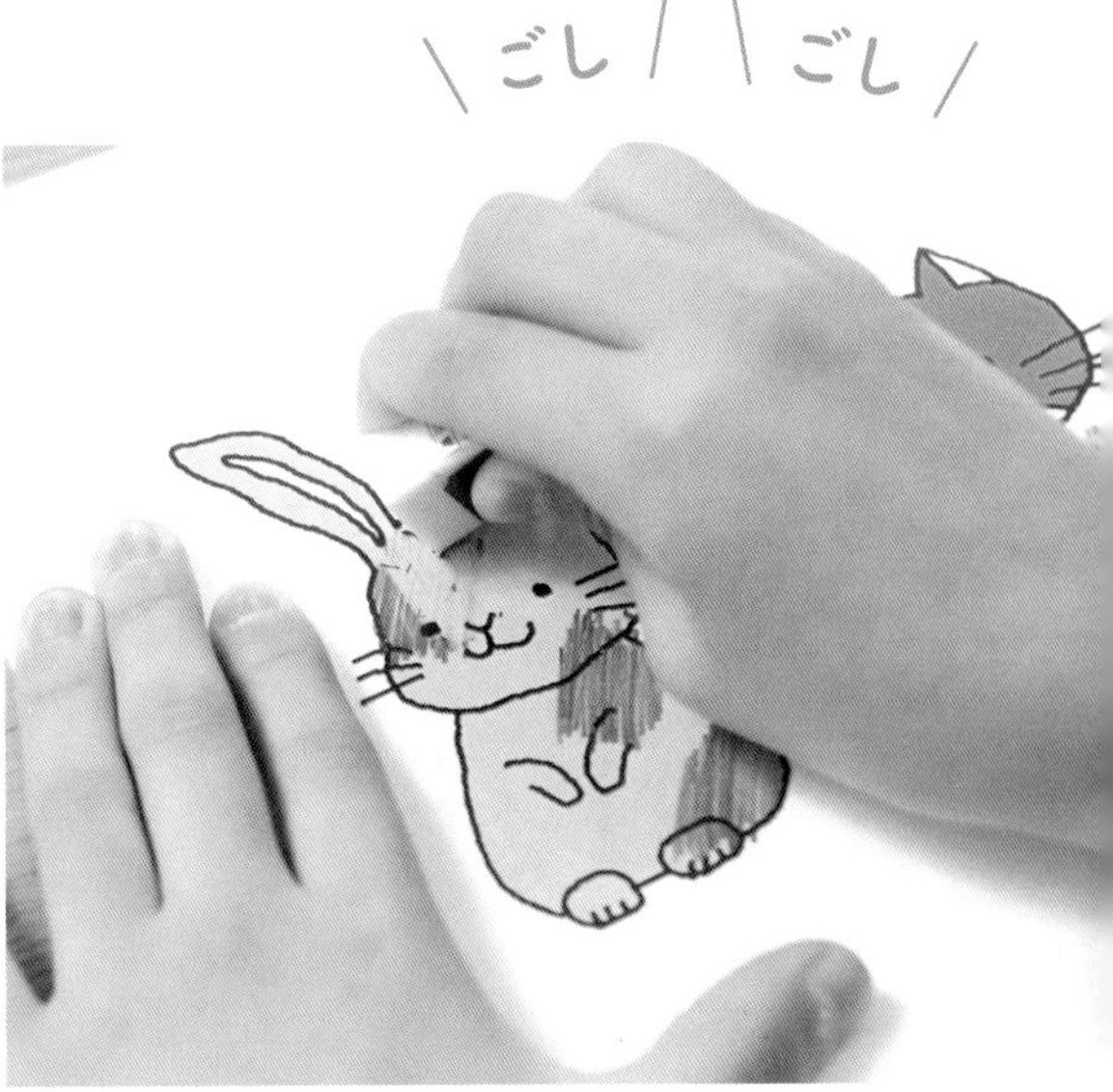

❶ ごしごし洗ってあげよう

イラストの一部を鉛筆で塗りつぶし、消しゴムで汚れをごしごし落として、きれいにしてあげましょう

消しゴムを動かすのがむずかしい場合は、子どもの手をとって一緒にこすりましょう

片手で紙を押さえることがむずかしい場合は、紙が動かないように補助しましょう

できた！のためのポイント

- **「ごしごし洗ってあげよう！」「きれいになったね！」**などの声がけを
- 難易度を上げるには、**濃く塗ったものを消しましょう**。難易度を下げるには、**消したことがわかりやすいように薄めに**塗りましょう
- 子どもが**好きな動物やキャラクターに色を塗って楽しく**行いましょう

COLUMN

できるためのヒントやポイントを、いろいろな角度から

療育の現場でも使われる「プロンプト」

プロンプトを使うと、子どもが成功体験をしやすくなる

ありがとうを言うのを忘れている子どもに「なんて言うんだっけ？」と声をかけることは、多くの親が経験していると思います。同様に、着替えのときに「ここに足を入れようね」と足を持って教えたこともあるはずです。私たちは日常生活の中で、さまざまなかたちで子どもをサポートしています。このようなサポートを、療育や教育の現場では「プロンプト」といいます。

プロンプトにはいくつかの種類があります。またサポートの度合いも、たくさん助けてもらえるものから少しだけ助けてもらえるものまでさまざまです。このようなプロンプトを使うメリットは、子どもに成功体験を積ませやすいということです。いろいろなプロンプトを駆使することで、子どもが正解にたどり着くことが可能になり、達成感が得られやすくなります。

ただし、いつまでもプロンプトがないと成功できない状態は望ましくありません。子どもの状態に合った種類のプロンプトを選択し、サポートの度合いを調節していくことが必要です。

そして子どもが目標としていた行動をすることができたら、たとえプロンプトのおかげでできたとしてもしっかりとほめ、モチベーションを高めるような声がけをしましょう。

プロンプトの種類と使い方

❶ 身体的プロンプト

体に直接ふれることによって行動を促したり、正しい体の使い方をガイドしたりする方法。クレヨンで絵を描くときに、子どもの手を上から握って一緒に絵を描くことで、クレヨンを使うときの腕や手首の動かし方を教えることができます。手を洗うときに、子どもの両手首を一緒に持って、こすり合わせるように動かすことで、手洗いの仕方を教えることができます。

❷ 言語的プロンプト

言葉での声がけや指示によって行動を促したり、正しいやり方のヒントを出したりする方法。例えば「ありがとう」を言ってほしいときに「なんていうんだっけ？」と促したり、「ありが？」まで言ったりすることで、子どもに「ありがとうを言うんだ！」と気づかせることができます。

❸ 視覚的プロンプト

目で見てわかるヒントを出して、場所を教えたり手続きを示したりする方法。絵カードや指さしなども視覚的プロンプトの仲間です。お手本を示すような方法も、視覚的プロンプトに含まれます。「ここに立っていてほしい」ということを伝えるときに、実際にその場所に線を引くことで、目で見て「ここに立てばいいんだ」と気づかせることができます。

初めはいろいろな角度からヒントを出し、できるようになったら少しずつサポートを減らしていきましょう

お悩み別

おうち療育
プログラム

Part 2 言葉の発達・認知・対人関係

Part 2は、【言葉の発達・認知・対人関係】のスキルが
楽しく身につけられるプログラムです。
人と関わって生活していくうえで欠かせないものなので
子どもの発達に合わせてトレーニングしましょう。

人と関わって生活していくうえで欠かせない【言葉の発達・認知・対人関係】発達に合わせて難易度や量を調整しながら習得を

人と関わりながら生活するために必要な知識や技能である言葉の発達や認知、対人関係のスキルは、未就学から低学年の時期までに少しずつ身につけていきたい能力です。幼稚園や保育園、学校では、先生が何を言っているのかを理解しないと、それに応じた行動がとりにくくなります。また、言葉を発し、周りの友だちとコミュニケーションをとりながら生活することが求められます。

喃語《なんご》に始まり、初めは「ママ」だけだった発語が、「ママ、だっこ」「ママ、あそぼ」というように意味が広がり、コミュニケーションも複雑に発達していきます。

また、話ができるようになっても、知らない子に「おもちゃ、ちょうだい」と言ってもおもちゃはもらえない場合があることを理解しなければなりません。さらにこのような体験自体が「ちょうだいじゃなくて、貸して、と言ったらいいのかな？」というように、**相手に合わせてコミュニケーションを使い分けることを学習するチャンス**となるでしょう。

Ｐａｒｔ２は、これらのスキルを楽しく身につけられるプログラムです。**子どもの発達に合わせて、量や難易度を調整しながらとり組んでみてください。**プログラムは座って行うものがほとんどです。幼稚園や小学校に入ると座って課題にとり組むことも大事になるので、そのトレーニングも兼ねることを意識しながらとり組めるとよいでしょう。

お悩み

名前を呼んでも反応がない

名前を呼ばれて返事をすることは、集団生活のさまざまな場面で求められます。子どもが普段呼ばれている名前を呼んで、「はーい」と返事ができるように練習してみましょう。

Step 1 できるかな？チェック
（どこでつまずいているか）

- □ 周りの音や声などに反応しない（例：静かな場所で音が鳴っても反応しない）
- □ 視線が合わない

Step 2 これを目指そう
計画（目標）

名前を呼ばれたら反応することができる（目を合わせる、挙手する）

自分の名前を呼ばれていることに気づいていないのか、恥ずかしくて返事ができないのかという点も確認しましょう。

これを用意しましょう

- ぬいぐるみ

ぬいぐるみは子どものお気に入りの物を使用しましょう。子どもがぬいぐるみに注意を向けていることを確認しながら行ってください

やってみよう!

\Step/ 3 おへんじ「は〜い!」

「名前を呼ばれたら手をあげて返事をする」という動作を、ぬいぐるみが見本となって行います。見本を見たあとで、子どもに返事を真似してもらいます。

❶ ぬいぐるみの見本

まずはぬいぐるみの名前を呼んで、「はーい」と言いながら、ぬいぐるみの手をあげます

❷ お返事できるかな?

子どもが普段呼ばれている名前を呼んで、「はーい」と返事をしてもらいます。子どもが好きなぬいぐるみを用意して、ぬいぐるみによって声色を変えるなど、ごっこ遊びのような要素もとり入れてみましょう

子どもと目が合わない場合は、ぬいぐるみが子どもの視野に入るように補助します。子どもの手をとって「はーい」と言いながら手をあげるサポートもしてみましょう

できた!のためのポイント

- 子どもが声のするほうに目を向けるなど**声に反応したら、「そうだよ、こっちだよ」**などと声をかけましょう
- **挙手ができたらとくにほめて**あげましょう
- ぬいぐるみではなく**家族などなじみのある人から練習するのもいい**でしょう。挙手よりはハイタッチのほうが難易度が低いので、**ハイタッチから練習しても◎**

お悩み

バイバイしても返してくれない

バイバイを返すかどうかは、個人差や子どもの気分などでも左右されます。バイバイ以外のほかの行動の真似をしているかどうかも含めて様子を見ていきましょう。

Step 1 できるかな？チェック

（どこでつまずいているか）

- □ 表情があまり変化しない
- □ 動作の模倣をしない（例：ハイタッチを求めてもタッチしてくれない）

Step 2 これを目指そう

計画（目標）

相手の動作と声がけに応じてコミュニケーションをとることができる（バイバイ、パチパチ、タッチなど）

コミュニケーションは身近な人の行動の模倣から学びます。お手本となる親の表情や動作にしっかりと注目することができているか確認しつつ、とり組みましょう。

これを用意しましょう

- **袋**
- **動作が描かれたカード**（バンザイ、パチパチなど）

カードを使用する際は、カードの角で手をケガしないように、丸く切るなど注意してください

やってみよう！

Step

3 なにがでるかな？

いくつかの動作が描かれたカードを用意し、カードに描かれた動作と同じポーズをするプログラムです。音楽をかけながら楽しい雰囲気で行ってみましょう。

1 何が出るかな～？

動作が描かれたカードを袋に入れ、「何が出るかな？」と言いながら1枚引きます

2 同じ動作をしてみよう

カードと同じ動作を一緒にしてみましょう。「バンザイ」「パチパチ」など、言葉にも出しながら行います

子どもがカードを引く場合は、腕を持って一緒に引きましょう

子どもの手をとって同じ動作を促したり、動作の見本を見せて「やってみて」と促しましょう

できた！のためのポイント

- カードを引く前に**イラストの動作をひと通り一緒にやっておきましょう**
- 「同じにできたね」など、**同じくできていることをしっかりほめましょう。**できたら拍手をして**「できた＝拍手」を覚えてもらうのも効果的**です
- 動物などのイラストも入れておき、**動物のポーズや鳴き声なども一緒にすると楽しさがアップ**します

お悩み

言葉を増やしたい

言葉の発達には個人差があります。2才ごろまでに意味のある単語が出ているかどうか、大人の言っていることを理解している行動が見られるかどうかも、あわせて見ていきましょう。

Step 1 できるかな？チェック（どこでつまずいているか）

□ 要求を伝えてくれない
（例：欲しいものがあるときに
勝手にとってしまう、
泣いてしまう）

Step 2 これを目指そう 計画（目標）

「ちょうだい」をサインで表現できる

発語がまだ十分ではない子どもの場合には、サインや絵カードを用いて意思表示することも、コミュニケーションの発達には有効な手段です。発語したら、発語とサインを併用しましょう。

これを用意しましょう

- **シール**
- **シールを貼る台紙**

シールやおもちゃなど、子どもが欲しがる物を用意してとり組みましょう。シールを貼る場所がたくさんあると、「ちょうだい」を引き出すチャンスも増えます

やってみよう！

Step 3 かわいいおてて

シール貼りで楽しく遊んで、「欲しい」「ちょうだい」の気持ちを引き出しましょう。「シール楽しいね。ここも貼る？」など、シールが欲しくなるような声がけも効果的です。

1 楽しくシールを貼りましょう

シールを１枚ずつ渡しながら、貼って遊びましょう

子どもが気づくように視界に入るところにシールを持っていきましょう

2「ちょうだい」を引き出そう

子どもがシールを欲しそうにしたら、「ちょうだい、だね」と声をかけながら、「ちょうだい」の見本を見せましょう。「ちょうだい」ができたら、「どうぞ」と言いながらシールを渡しましょう

できた！のためのポイント

- シール貼り以外にも子どもが好きな遊びで楽しく遊び、**すぐに「ちょうだい」を言わせようとせず、欲しい気持ちを引き出しましょう**
- 要求が出るようになったばかりのころは、**欲しそうに手をヒラヒラさせたら「ちょうだい、だね」と言ってすぐに渡しましょう**
- 親が「ちょうだい」と言いながらジェスチャーをし、**子どもに物をもらうのでもOK**

お悩み

単語しか出てこない

名詞はたくさん言えるけれど、動詞や要求語が出てこない。またはその逆など、単語しか出てこない場合は、まずは2語文を発することを課題とした遊びをしてみましょう。

Step 1 できるかな？チェック
(どこでつまずいているか)

- □ 物の名前しか言わない
(例：欲しい物があるときに「牛乳」など単語で言う、電車に乗りたいときに「電車」としか言わない)

Step 2 これを目指そう
計画（目標）

2語文（名詞＋動詞）を発することができる

一般に、動詞よりも名詞のほうが発語が早い傾向にあります。動詞の理解がまだ十分ではないときには、動詞の部分を親が補って2語文を構成することも有効です。

これを用意しましょう

- 絵カード
- 親や子どもの顔写真

絵カードや写真ではなく、子どものお気に入りのおもちゃなどでもOK

やってみよう！

Step 3 何してるかな？

名詞と動詞が描かれた絵カードを使って、２語文を発することを促す遊びをしてみましょう。主語にあたるカードと動作語にあたるカードを分けて、難易度を下げることもできます。

① 何してるかな？

動作をしているカードを並べ、１枚とって「何してるかな？」と聞いてみましょう。顔写真があれば、「ママが？」など主語を先に聞いてから、動作のカードを見せるのもいいでしょう

②「ママが寝てるね」

動作のカードと同じポーズをしながら、「ママが寝てるね」など、２語文で確認しましょう

ぬいぐるみなど子どもが好きなキャラクターを使って、「くまさんが」「食べているね」など、主語のバリエーションをつけるのもおすすめです

できた！のためのポイント

- 「ちゃんとママのことを見てくれているね」など、**とり組みの様子をほめてあげましょう**
- 主語と動作語を続けて言えなくても、**どちらかを言うことができたらほめてあげましょう**
- 難易度を上げるには「うさぎがにんじんを食べている」など、**３語文で答えられる質問**をしたり、**子ども本人が今何をしているか聞いてみたり**しましょう

主語と動作語を分けてもOK

文の復唱がむずかしい場合は、「〇〇が」の主語と「〇〇している」の動作語を分けて、1つずつ聞いてみましょう

お悩み

知っている言葉が少ない

知っている言葉を増やすには、日常生活の中でたくさん言葉を使って覚えていくことが大切です。実物を見たり、知っている言葉から派生させたりしながら覚えていきましょう。

Step

1 できるかな？チェック
(どこでつまずいているか)

- □ 言葉の意味がわからない
- □ 反対の意味がわからない (例：「新しいタオルをとって」と言っても古い物を持ってくる)

Step

2 これを目指そう
計画 (目標)

反対語の言葉を聞かれて答えることができる

「反対」という概念や、具体的な物として理解することがむずかしい「遠い・近い」「新しい・古い」などを扱う課題です。子どもの理解度を確認しながらとり組みましょう。

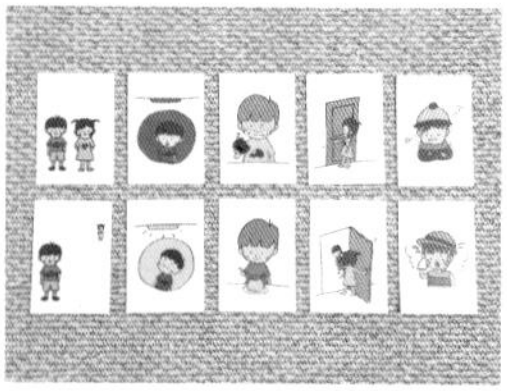

これを用意しましょう

- 反対言葉絵カード

絵カードの下にひらがなで「とおい」や「ちかい」を書き込むことで、ひらがなの理解も促すことができます

やってみよう！

Step 3 はんたいかるた

「近い・遠い」「暗い・明るい」「寒い・暑い」など、反対言葉のカードを使って反対語を覚えるプログラムです。親が読み上げたカードの反対語のカードを答えるかるた形式で、楽しく覚えましょう。

1 反対の言葉はどーれだ？

反対言葉絵カードを並べ、親が１枚選び、「遠い」などと読み上げます

カードがわからない場合は、反対語の２枚を提示して選べるようにします。「ち、か？」など、ヒントを出してもいいでしょう

2 反対言葉、見つけた！

子どもが反対言葉のカードを見つけたら、「近い」と答えてもらいます

できた！のためのポイント

- 初めは言葉の種類を減らし、**子どもが知っている言葉から実施**しましょう
- **反対語を言えなくても、カードを選べたことをほめてあげましょう。**「新しい」を「ピカピカ」などと言っても否定せず、「ピカピカだね。ピカピカは新しいっていうんだよ」と教えてあげましょう
- **慣れてきたら言葉の種類を増やして**チャレンジしてみましょう

お悩み

しりとりが苦手

月齢が大きくなると、友だち同士でしりとりで遊ぶ場面も出てきます。しりとりをするためには、ルールはもちろん、たくさんの言葉を知っていることが必要になってきます。

Step 1 できるかな？チェック

（どこでつまずいているか）

- 名詞の最初の文字と最後の文字がわからない
(例：しりとりをしていて、「いちご」のあとなのに「いぬ」と「い」に引っぱられてしまう。「『り』から始まる食べ物は？」と聞いても「きゅうり」と言ってしまう)

Step 2 これを目指そう

計画（目標）

しりとりをすることができる

語彙数《ごいすう》を増やすためにしりとりは、有効な遊びのひとつです。しりとりのように言葉の音に着目することが必要となる場合には、最初や最後の音の認識を促すような課題が有効です。

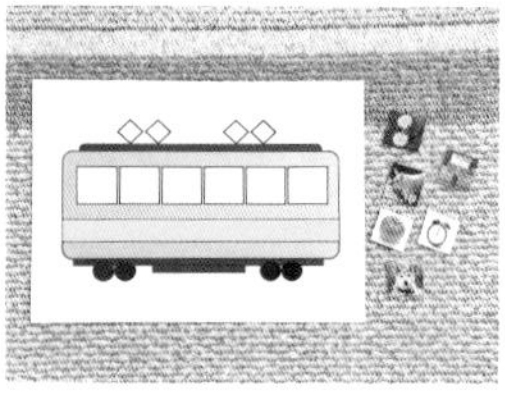

言葉のカードがあれば、しりとり電車シートはなくても実施できます

これを用意しましょう

- しりとり電車シート
- 言葉のカード

Step 3

ガタンゴトンしりとり

やってみよう！

しりとりができるようになることを目標としたプログラムです。シートに当てはまる言葉のカードを置いて、電車を完成させましょう。慣れてきたら、一度使った言葉は使ってはいけないルールにするなど、難易度を上げてみてください。

2 当てはまる言葉のカードを置こう

子どもに当てはまる言葉のカードを置いてもらいます。わからない場合は、「た、から始まる言葉はあるかな？」などと声がけをしてみましょう

1 当てはまるものなーんだ？

しりとり電車シートに、空欄をつくって言葉のカードを置きます。しりとりのルールがわからない場合は「しりとり→りす→すいか」など最初に説明します

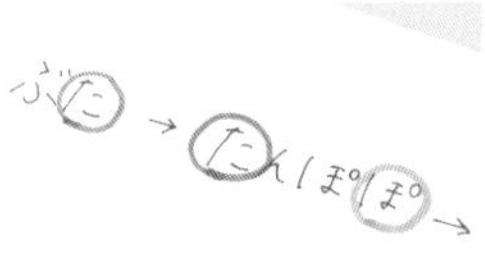

わかりにくい場合は、最後の音がわかりやすいように、色ペンで丸をつけておくなど補助しましょう

できた！のためのポイント

- 言葉が出てきたら**「いいね」「よく思いついたね！」**などの声がけを
- むずかしければしりとり形式ではなく、「『あ』から始まる言葉は何かな？」と**声がけしたり、相手と交互に話す練習**をしてみましょう
- 「動物のしりとり」など、**テーマを決めたり、一度使った言葉は使わない**ようにしたり、**制限時間を設ける**と、難易度が上がります

お悩み

決まった色しか言わない

一般的に赤、青、黄、緑、黒などの色を理解し、正確に言葉に出して言えるのは3才ごろです。色の理解、見えた色を言葉に出して言う言葉の発達も含めてできるようになる目標を立てましょう。

Step

1 できるかな？チェック

(どこでつまずいているか)

- □ 色の区別がつかない
- □ 色の名称が覚えられない（例：「赤い積み木を貸して」と言っても、違う色の積み木を手渡す）

Step

2 これを目指そう

計画（目標）

指定された色（赤/青/黄/緑/黒/白/ピンク）を選択する／言うことができる

色を選択することができたら、色の名前を言うことができるようになることを目指します。子どもが好きなキャラクターの色に注目させたり、家にある物の色を答えさせたりすることも有効です。

これを用意しましょう

- 紙コップ
- 折り紙
- のり・テープ
- 小さい人形

紙コップと折り紙でいろいろな色のおうちを作りましょう

\Step/
3 どこどこおうち

やってみよう！

いろいろな色の紙コップのおうちを作り、色を選択したり、色を答えたりするプログラムです。「オオカミさんが来ちゃう〜！」などの設定をつけたり、親と子どもで役割を交代すると楽しく行えます。

赤のおうちは
どこ？

❶ 赤のおうちはどこ？

親が人形を持って「おうちに帰ろう。赤のおうちはどこ？」と探します

子どもがわからない場合は指定した色を近くに動かしたり、「ここは青だから違うなぁ」など、ヒントを出してみましょう

赤だよ
やったー！
おうちに着いた

❷ 赤のおうちはここだよ

子どもが「ここ」と伝えた色が合っていたら、「やったー、おうちに着いた」と喜んで正解したことをしっかり伝えましょう

できた！のためのポイント

- 色を間違えても、**「あれ？このおうちは入れないな。赤のおうちはどこかな？」**と失敗を感じないように進めましょう
- 初めのうちは**色の数を少なくするとわかりやすい**です
- 色の種類を増やしたり、「黄色のおうちの近くを通って赤いおうちに帰りたいな」など、**指示の回数を増やしたりすると難易度がアップ**します

お悩み

左右が覚えられない

指示された道を行く、正しい方向に体を向けるなど、左右を覚えることは日常生活において大切です。ここで紹介するプログラム以外にも視覚を使うなどして、左右を理解しましょう。

Step 1 できるかな？チェック

（どこでつまずいているか）

- □ 左右の区別がつかない（例：「右に曲がるよ」と伝えても反対方向に行こうとする）
- □ 前後の区別がつかない
- □ 上下、真ん中が理解できていない

Step 2 これを目指そう

計画（目標）

自分を基準として前後、左右、上下、真ん中が認識できる

左右や前後などの位置関係は、体の向きによって異なります。まずは、子どもと親が同じ方向を向いて、左右や前後を確認し、子どもを中心とした位置関係から理解を促していきましょう。

お宝は、子どもの好きなおもちゃなどにして楽しくできるようにしましょう

これを用意しましょう

- **コースとなるクッションやタオルなど**
- **お宝となる物**（ぬいぐるみや折り紙など）

やってみよう!

Step 3

右に左にお宝ゲット!

クレーンゲームのように、お宝をとる人と操作する人に分かれて遊びます。楽しくプログラムにとり組みながら、左右を覚えていきましょう。

進む方向がわからない場合は、指さしで視覚的に補助しましょう

❶ コースを作ります

クッションやタオルを使って、左右に曲がれるコースを作ります。スタート地点とお宝があるゴールはわかりやすく設定しましょう

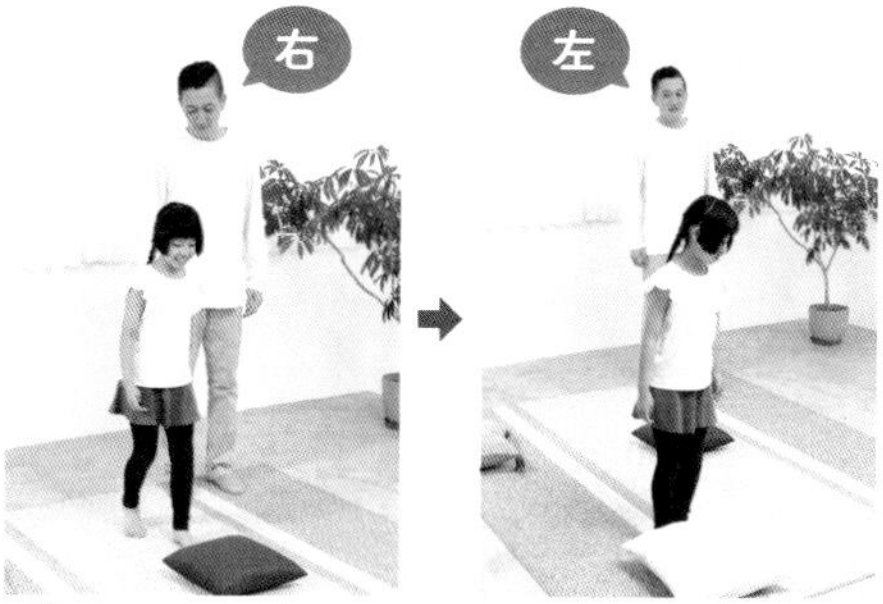

❷ お宝を目指してスタート!

親が「右」「左」「前」「ストップ」などの指示を出し、お宝の前まで誘導します

❸ お宝ゲット

親の指示だけでお宝の前に到着できたらお宝をゲット。役割を交代して遊ぶのもおすすめです

スタート位置はテープを貼ると、子どもにもわかりやすくなります

きき手にヘアゴムなどの目印をつける、時計を見て「3は右」と覚えるのも効果的です

できた!のためのポイント

- 左右を間違えず進むことができたら**「正解!」「ピンポン!」と声がけを**
- 難易度を下げるには、**前後のみ、左右のみなど簡単なコース**に。難易度を上げるにはコースに**障害物を置いて指示の回数を増やしたり、複数の方向を指示したり**しましょう
- お宝は好きなおもちゃに。クレーンゲームのように「ウィーン」などの**機械音を言いながら、楽しい雰囲気で**トライしましょう

お悩み

見比べる力をつけたい

大きい・小さい」「長い・短い」「多い・少ない」を比較する場面は日常生活においてたくさんあります。幼稚園や保育園、小学校でも先生の指示がわかるよう、見比べる力をつけておきましょう。

Step

1 できるかな？チェック

（どこでつまずいているか）

- [ ] 形容詞の意味がわからない（例：「大きいのと小さいのどっちがいい？」と聞いて「小さい」と答えたのに、小さいほうを渡すと怒る）

Step

2 これを目指そう

計画（目標）

実物・写真・イラストを見て「大きい・小さい」「長い・短い」「多い・少ない」について指示されたほうを選択できる

形容詞の意味を正しく理解する課題です。「大きい」と「小さい」のように、対比させながら理解を促すとよいでしょう。徐々に理解できる形容詞も増やしていけると表現も豊かになります。

ボールのかわりに、子どもが好きなおもちゃやお菓子を使ってもOK

これを用意しましょう

- 比較絵カード
- 大きさが違うボール

やってみよう！

Step 3 ドキドキどっち？

カードや実物を見せながら、大小、長短、多い少ないなど、形容詞の比較をしてみましょう。人形や文房具など、実物を使うのも見比べる力をつけるのに効果的です。

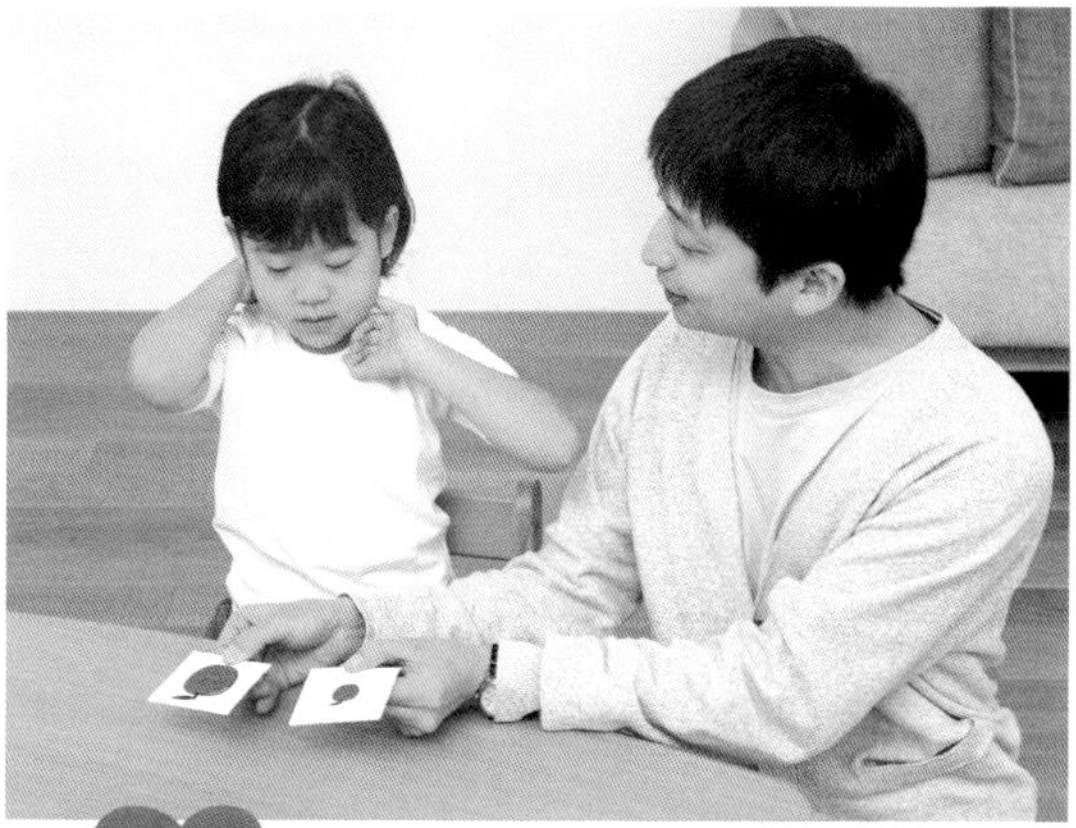

❶ 大きいのはどっち？

大きさが違うイラストが描かれた絵カードを見せて「大きいのはどっち？」と聞きましょう。「これは大きいりんご？」「これは小さいりんご？」といった聞き方もいいでしょう

❷ ドキドキ！正解は…？

少し間をためてからドキドキ感をつくり、正解を発表しましょう

「大きい」のときは両手を大きく広げ、「小さい」のときは両手を近づけるなど視覚的な補助も◎

むずかしい場合は、答えのカードを子どもに近づけて環境を調整しましょう

できた！のためのポイント

- 正しいほうを選択できたら、**「すごいね！」とたくさんほめてあげましょう**
- 実物も見せながら、**同じ種類の物、違う種類の物、大きさや量の差が大きい物、小さい物**で難易度を調節しましょう
- **制限時間**を設けたり、**早押しクイズ**のようなかたちですると楽しさがアップ！

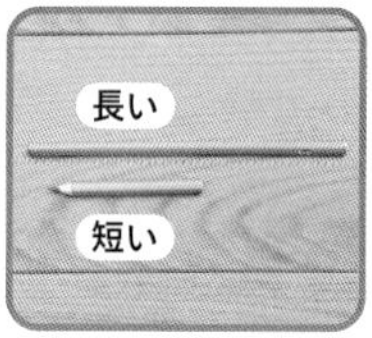

お悩み

言葉の理解を深めたい

車や飛行機、電車は「乗り物」、りんごやバナナ、みかんは「くだもの」など、言葉をカテゴリー分けすることで、抽象的な概念と言葉の発達が促され、理解が深まります。

Step 1 できるかな？チェック

（どこでつまずいているか）

- ☐「カテゴリー」がわからない（例：「好きなくだものは何？」と聞いて「パン」と答える）
- ☐ 共通点が見つけられない

Step 2 これを目指そう

計画（目標）

物や写真、イラストを使ってあらかじめ用意された分類（動物・くだものなど）に沿って、仲間分けができる

まずは具体的な物の名前を理解することが必要な課題です。そのうえで、いくつかの物を包括する概念として、分類することができるのを目指します。お片づけなどにも活用することが可能です。

これを用意しましょう

- 仲間分け用のおもちゃ
- カゴや袋

仲間分けはおもちゃのほか、カードでもいいでしょう。カゴや袋はなければ、タオルなどで場所を決めるだけでも大丈夫です

やってみよう！

Step

3 いっしょのおへや

あらかじめ用意された分類に沿って、おもちゃを仲間分けするプログラムです。おもちゃのほか、写真やイラストを使ってもOKです。

① 仲間ごとにおへやに分けよう

食べ物、乗り物など、違うカテゴリーのおもちゃをランダムに置き、仲間分けをしましょう

むずかしい場合はランダムではなく、同じ仲間を近くに置いて補助しましょう

「野菜」などの大きな分類をあらわす言葉を理解していない場合は、「〇〇くんが食べる物はどれ？」「乗る物は？」など声がけを。間違えたときは「私はお顔がないけど、本当に動物？」など、野菜になりきって間違いを伝えましょう

できた！のためのポイント

- 間違えていても、「あれ？」など、**少ないヒントで間違いに気づくことができたらそのことをほめましょう**
- 仲間同士に分けることができたら、「動物さんはみんなお顔があるね」など、**特徴も一緒に確認しましょう**
- **分類する数や種類を増やす**、**ひらがなも書かれたカードを使う**などすると、難易度がアップします

お悩み

順番を守れない

自分の順番がわかり、順番を守ることができることは、子どもが社会の中で生活していくうえで大切です。楽しくプログラムにとり組みながら身につけられるようにしましょう。

Step

1 できるかな?チェック
(どこでつまずいているか)

- □ 待つことが苦手
- □ 自分の順番がわからない
(例:「3番目ね」と言われても2番目で動き始めてしまう)

Step

2 これを目指そう
計画(目標)

自分の順番を意識してゲームに参加できる

順番を守ることができるようになると、集団生活の中で生じるトラブルを回避することが可能になります。1・2・3といった数字の理解がむずかしい場合には、「ママの次」などと覚えてもOKです。

ガムテープなどに1・2・3と数を書いて服に貼ることもOK

これを用意しましょう

- 順番が書いてある紙

Step 3 やってみよう!

みんなでへ～んしん!

順番を決めて、そのとおりに同じポーズをする遊びです。自分の順番を理解し、プログラムを通して順番を守ることを身につけましょう。

❶ 順番を決めよう

初めに順番を決めます

子どもが順番をわからない場合は、軽く体にふれてポーズを促したり、「次は〇〇くんの番だよ」と声をかけましょう

❷ 順番に変身!

１番の人が「１・２・３」と言いながら、３のタイミングで好きなポーズをします。２番、３番と同じように「１・２・３」と言いながら、１番の人のポーズを真似します

子どもの目に入る位置に順番を書いて貼っておくと、わかりやすくなります

できた!のためのポイント

- **適切なタイミングでポーズを決めることができたら**ほめてあげましょう
- 順番に気づけていないときは**「あれ？　次はだれだっけ？」**など声がけを
- **テンポを速くしたり遅くしたり、人数を増やしたり減らしたり**しながら難易度を調節しましょう

お悩み

友だちと一緒に遊ぶことがむずかしい

友だちと一緒に遊ぶには、友だちの様子を見ながら共同作業をすることが必要です。なかなか高度ですが、社会生活をするうえで大切な能力ですので、少しずつ身につけられるようにしましょう。

Step 1 できるかな？チェック
（どこでつまずいているか）

- □ 相手の動きを見ていない
（例：手をつないで歩いているのに急に走ろうとする）
- □ ひとりで遊んでいることが多い
- □ 相手の速度などに合わせられない

Step 2 これを目指そう
計画（目標）

共同（共同作業）、協力してゲームに参加できる

相手の状態を理解したり、相手の力の強さに合わせて、自分の力かげんを調整したりすることを目指します。まずは親とチャレンジし、うまくいったらきょうだいや友だちと実施してみましょう。

これを用意しましょう

- 風船
- タオル

タオルのかわりにうちわ、風船のかわりにゴムボールやぬいぐるみなどを使用してもいいでしょう

やってみよう！

Step 3 せーのでポーン！

タオルの両端を持って、風船を落とさないようにポンポンしてみましょう。相手の様子を見ながら協力してゲームをすることで、友だちと一緒に楽しく遊べることを目指します。

❶ 協力して風船をポンポンしよう

親と子どもとでタオルの両端を持って、風船を落とさないように協力しながらポンポンしましょう。目標は10回！ タイミングを合わせられるように、「せーの」など声がけをしましょう

タオルを持つことがむずかしい場合は、子どもの後ろからタオルを一緒に持って補助しましょう

「このくらいのペースでやろう」と言いながら、見本を示す補助もいいでしょう

できた！のためのポイント

- 上手にできなくても、**端と端で同時にタオルを持てている**ことをほめましょう
- 難易度を下げるには、**手で打ち合いましょう**。難易度を上げるには風船ではなく**ゴムボールを使ったり**、風船を落とさないように、**歩いて移動したり**しましょう
- タオルだけでなく**うちわや段ボールを使ったり**、**歌に合わせながらテンポよく行ったり**しながらやってみましょう

お悩み

勝ち負けがわからない

勝ち負けを理解するには、「速い・遅い」「多い・少ない」など、比較の概念を理解することが必要です。まずはシンプルなもので、勝敗を理解できるように支援していきましょう。

Step

1 できるかな？チェック

（どこでつまずいているか）

- □ 勝ち負けがわからない
- □ 勝っても負けても気にしない（例：負けても悔しがる様子がない）

Step

2 これを目指そう

計画（目標）

２人以上で生じる競争の勝敗が理解できる

勝ち負けは遊びやゲームにおける楽しさの要素のひとつになります。体験しながら身につけましょう。勝ち負けへのこだわりが強い場合には、遊びの楽しさに着目させるような声がけが有効です。

積む物は紙コップ以外でもいいですが、倒れてもケガをしない素材の物を使いましょう

これを用意しましょう

- 紙コップ

Step

やってみよう！

3 高くつめるかな？

紙コップをどちらが高く積めるかの勝負で勝ち負けをつけましょう。「高さ」以外にも「多さ」「速さ」など、いろいろな比較で勝ち負けを競ってみましょう。

❶ どっちが高く積めるかな？

親子でどっちが紙コップを高く積めるか競争しましょう。「高く積んだほうが勝ちだよ」など、声がけをしながら行いましょう

できた！のためのポイント

- 上手に積めたことや勝てたことではなく、**「勝ち負けの理解」ができたことをほめましょう**
- 積むのがむずかしい場合は、**物をカゴからカゴへ速く移したほうが勝ち**など、遊びの難易度を下げましょう
- 3回戦などを決めておき、**1回ずつの勝敗と最終的な勝敗をつけてみましょう**

時間を決めて競うのもOK。タイマーが鳴ったときに、「どっちが高い？」「勝った人は？」など、勝ち負けを聞いてみましょう

お悩み

じゃんけんが理解できない

じゃんけんのルール、勝ち負けを理解するのは5〜6才ごろといわれています。集団生活や遊びの場ではじゃんけんは頻繁に用いられます。あせらずに、楽しく覚えていきましょう。

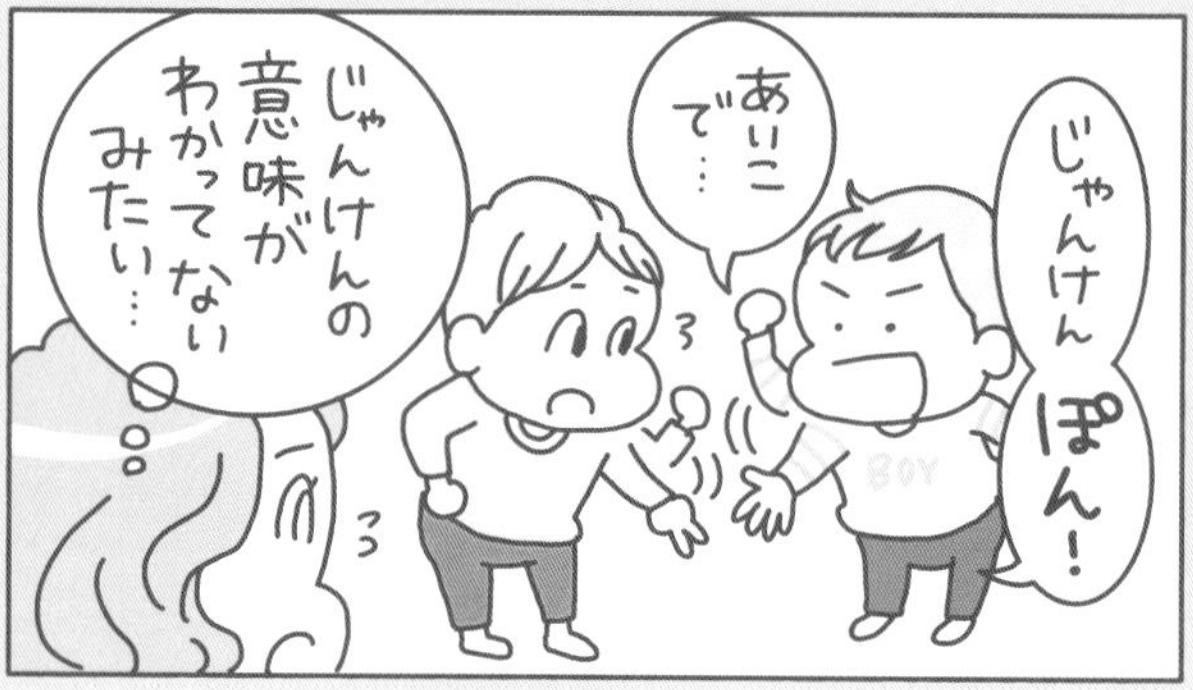

Step 1 できるかな？チェック
(どこでつまずいているか)

- [ ] じゃんけんの勝ち負けがわからない
(例：相手の真似をして手を出してしまう)

Step 2 これを目指そう
計画（目標）

じゃんけんのルールを理解し（あいこ、あとだし、複数）、勝敗を判断することができる

じゃんけんの勝ち負けだけではなく、じゃんけんを出すタイミングも習得できるように練習してみましょう。

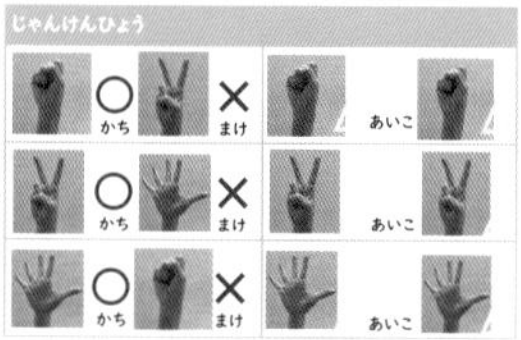

じゃんけん表を使いながら、「グーとチョキ、どっちが勝ったかな？」などクイズ形式で確認してみましょう

これを用意しましょう

- じゃんけん表

やってみよう!

Step 3 あとからポン!

「じゃんけんポン」で親が出し、そのあとに「ポン」と子どもが勝つ手を出すことで、じゃんけんのルールを理解するプログラムです。グー、チョキ、パー、それぞれに勝つのはどの手なのか、説明してから行いましょう。

❶ 勝てるように手を出そう

初めに親が出した手に勝てるように手を出してねと伝えておきます。「じゃんけん」で親が手を出し、「ポン」で子どもに手を出してもらいます。タイミングがわからない場合は「ポンのときに出してね」とサポートしましょう

何を出したら勝てるのかがわからない場合は、じゃんけん表を見せて確認しましょう

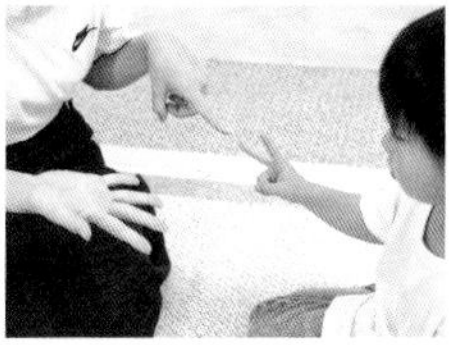

子どもになんの手を出したのか確認しましょう

できた!のためのポイント

- じゃんけんを理解していない場合は、**「グー」に勝つのは何かを一緒に考え、答えがわかってから**やってみましょう
- 難易度を上げるには、**勝つほう、負けるほうのどちらを出すかランダムに**してみましょう
- 「何が出るかな?」などと声をかけ、**ワクワク感を演出して楽しく行いましょう**

COLUMN

「きっかけ」を操作すると、子どもの行動の獲得を支援できる！

きっかけの操作は大人ができるので即効性あり

p.10～13でお話ししたきっかけ、行動、結果のうち、行動には比較的目がいきやすいものです。「今日は弟とケンカをした」や「洗濯物のお手伝いをしてくれた」などが行動の具体的な例です。

では、それらの行動にはどんなきっかけがあったのでしょうか？　例えば「弟がルールを破った」という「きっかけ」があった場合に、「ケンカをする」という「行動」が起こります。同様にお母さんが「手伝ってくれる？」という「きっかけ」となる声がけをすることで、手伝うという行動につながります。

このようにどんな行動にも必ずきっかけがあります。したがって、いい行動が起こるきっかけがわかればそれを提示することで、いい行動は起こりやすくなることが期待できます。一方で、よくない行動が起こりやすいきっかけがわかれば、そのきっかけをなくすと、よくない行動は起こりにくくなります。これらの働きかけを「きっかけの操作」といいます。きっかけの操作は大人が行うことが可能です。

例えば、ルールを破ることでケンカになる場合、「このゲームはこうやるよ」とあらかじめルールを教える、「今日はこんなルールでやってみよう」と、理解しやすいルールに調整するなどの対応が有効です。

発達に合わせて提示するきっかけを変化させる

きっかけの操作は即効性がありますが、子どもが幼稚園や学校に行っているときなど、状況が変わると、きっかけの操作が活用できない可能性があります。

このような状況を避けるために、子どもに有効なきっかけの操作の方法を幼稚園や学校の先生と共有することが重要です。あるいは、子ども自身が自分で適切な行動に気づくことができるように、「どうすればいいと思う？」「前はどんなふうにしたんだったっけ？」と、徐々に提示するきっかけを変化させることが必要です。このような関わりによって、子どもがどのような状況でも自分で判断して行動することができるよう、長期的な視点をもちながら支援をしていくことができると理想的です。

お悩み別

おうち療育
プログラム

Part 3

身辺自立

食事や着替え、トイレなどの身辺自立は、一生涯必要なスキルです。
身辺自立は、あせらずにサポートすることが大切になります。
毎日する動作だからこそ、子どもがいやにならないように
楽しくプログラムにとり組みましょう。

一生涯必要な食事や着替え、トイレなどの身辺自立は周りと比べずスモールステップで身につけましょう

食事や着替え、トイレなど、**生活の基本的な動作を身辺自立といいます**。これらは日常生活で必ず行う動作であり、一生使うスキルなので、しっかりと身につけたいところです。近年の傾向として、幼稚園の入園前後のタイミングで身につけていることが多くなっています。とはいえ、これらのスキルはおおよそ小学校入学前までに、多少の補助があればできるようになると、学校生活をスムーズに送ることができると期待できます。

ただし、身辺自立は、**あせらず、周りの子と比べずにサポートすることが大切です。毎日する動作だからこそ、子どもが苦手意識をもたないよう**

に、楽しくとり組めるように心がけましょう。

そのためには子どもができたときだけほめるのではなく、**できなくてもチャレンジしたことをしっかりほめることが大切**です。例えばトイレで排泄ができなくても便座に座れることをしっかりと賞賛するなど、スモールステップでとり組んでみましょう。

プログラムを行うときも、ゲーム形式や競争ごっこをしたり、ポイント制にしてごほうびを設定したりするなど、楽しみながらとり組むことができるように工夫をしてみましょう。

お悩み

はしの持ち方が気になる

正しいはしの使い方は、一生使うスキル。はしの持ち方、開閉の仕方、もう片方の手で器を支えるなどやることがたくさんありますが、あせらずじっくりととり組みましょう。

Step 1 できるかな？チェック（どこでつまずいているか）

- □ はしを握り、刺して食べている
- □ はしがクロスになってしまう

Step 2 これを目指そう 計画（目標）

はしを使って玩具を□個移動することができる

まずは1個からスタートし、徐々に個数を増やしていきましょう。食べること、はしを持つことに苦手意識をもたないよう、チャレンジする姿勢からほめていくことが大事です。

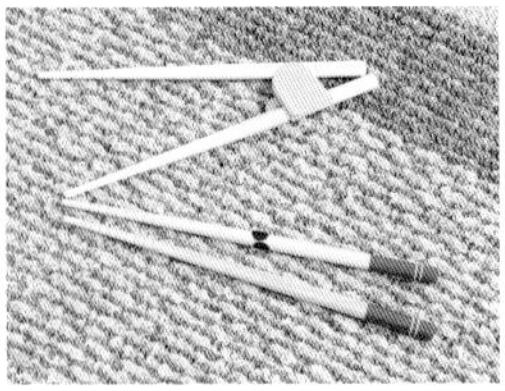

これを用意しましょう

- **はし**（正しい持ち方を促す子ども用矯正はし。通常のはしはシールなどを貼って、指の位置を確認しましょう）

はしの練習にはフェルトボールなど、はさみやすいものがあるといいでしょう。必要に応じてはしの持つ部分に丸シールを貼ると◎

※□に目標の数字を記入しましょう

Step 3

やってみよう！

おとなのいっぽ！

はしを正しく持って使いながら、玩具を器から器に移動させます。はしの練習は食事中でもできますが、食べこぼしや時間が気になることがあれば、食事とは別に練習の時間をもうけることがおすすめです。

まだギューだよ

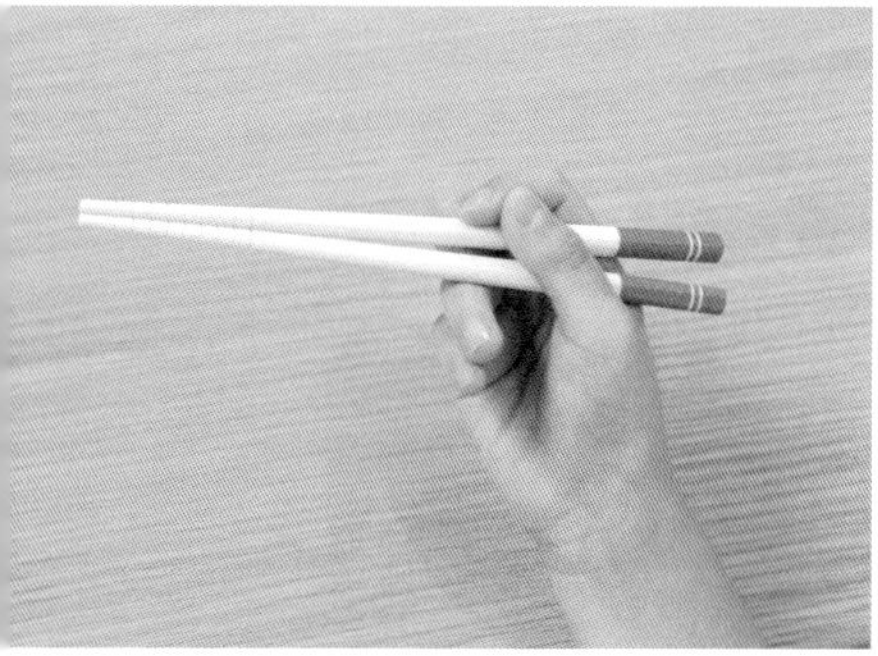

三指持ちのやり方

1 鉛筆と同様に、親指と人さし指、中指で上のはしを持つ
2 下のはしを親指のつけ根と薬指の側面で支える
3 下のはしを動かさずに上のはしだけ上下に開閉する

❶ はしを三指持ちして開閉してみよう

子どもの手の大きさに合ったはしで、「三指持ちのやり方」を試してみましょう

下のはしを動かさずに上のはしだけ上下に開閉ができるように、下のはしを固定して補助しましょう

❷ フェルトボールをはさんでみよう

フェルトボールをはしではさんで容器から容器へ移しましょう。移動が終わるまではさみ続けられるように「まだギューだよ」など声がけを

はさむのがむずかしい場合は容器を傾けて、とりやすい位置に調整しましょう

できた！のためのポイント

- あせらずじっくり。**1工程できるごとにしっかりほめましょう**
- 難易度を下げるには**スポンジなど子どもがはさみやすいものを使ったり、数を少なく**しましょう
- 難易度を上げるには**さまざまな形や大きさ、かたさのものをはさんで持ち上げて**みましょう

親子で競争しても◎

お悩み

スプーンの持ち方が気になる

スプーンを握り持ちしていると、持ちにくそうに見えたり、口からこぼれてしまったり、やきもきしてしまうかもしれません。上手に食べられるよう、三指持ちの練習をしてみましょう。

Step 1 できるかな？チェック

(どこでつまずいているか)

- □ スプーンを握って持っている

Step 2 これを目指そう

計画（目標）

スプーンを「三指持ち」し、物を容器から容器へ移すことができる

スプーンやフォークを使うことによって自分で食事をすることができるようになり、食事への興味が高まります。上手に食べられることでほめられる機会も増えます。

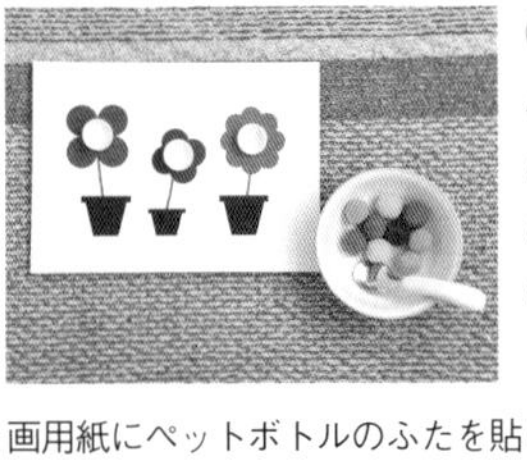

画用紙にペットボトルのふたを貼りつけ、花に見立てた台紙を作ると楽しく行えます

これを用意しましょう

- スプーン
- 容器
- フェルトボール
- ペットボトルのふた

やってみよう！

Step 3 ポンポンフラワー

スプーンでフェルトボールをすくい、台紙に貼ったペットボトルのふたに運んでお花を完成させましょう。三指を使った正しいスプーンの持ち方や、すくう際の手首の使い方が少しずつ身につきます。

よーく見るよ

❶ スプーンを三指持ちしてみよう

親指、人さし指、中指を使ってスプーンを持ってみましょう

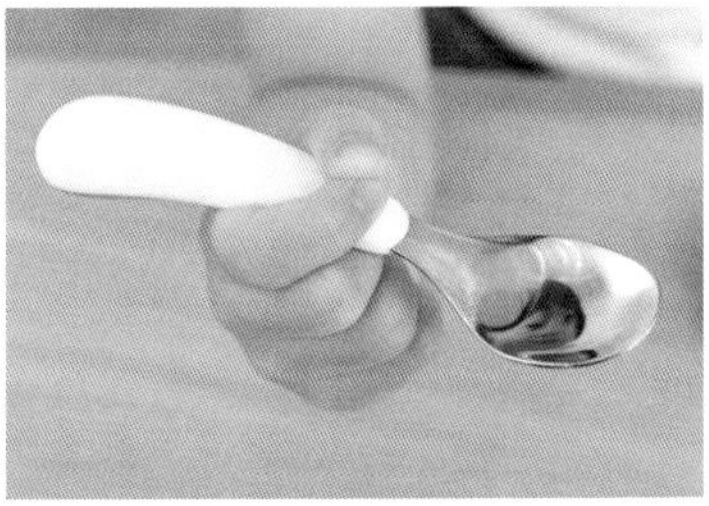

❷ スプーンですくってお花を作ろう

フェルトボールをスプーンですくってペットボトルのふたに移し、お花を作りましょう

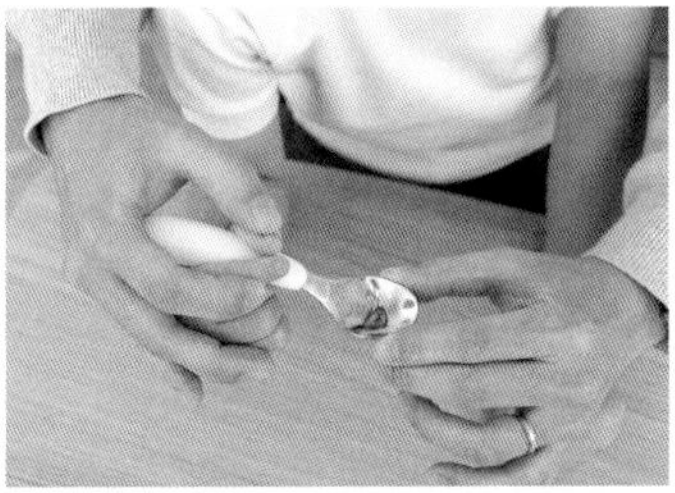

指全体でしっかり握れるように、子どもの手に重ねて持つなど、補助をしましょう

むずかしい場合は容器を押さえて固定してあげる、一緒にスプーンを持ってスプーンの先を容器に入れられるようにひじを支えてあげる、手首をひねるなど、補助をしましょう

できた！のためのポイント

- 難易度を下げるには、**子どもがすくいやすいもの**を使って**数を少なくして**行います
- 難易度を上げるには、**制限時間をもうけたり、さまざまな形や大きさ、かたさのもの**をすくって持ち上げてみましょう
- 上手にできたらお食事ごっこなど、**見立て遊びをする**と楽しさがアップ！

お悩み

自分で靴をはけるようになってほしい

出かけるときに、靴をはくのを毎回手伝うのは大変。幼稚園や保育園でも自分で靴をはく機会は多いです。どこでつまずいているのかを見きわめて、自分ではけるようにサポートしましょう。

Step 1 できるかな？チェック
（どこでつまずいているか）

- [ ] ひとりで靴に足を入れられない
- [ ] 足に力を入れて、かかとまで踏み込むことができない

Step 2 これを目指そう
計画（目標）

座った状態で靴をはくことができる

幼稚園や保育園の登園時やお出かけの際など、まずは座ったままでかまいませんので、「自分で靴をはけた！」という経験を積みましょう。

これを用意しましょう

- 靴

子どものお気に入りの靴で練習しましょう。ひも靴はおおよそ小学校中学年から高学年くらいにかけて、子どもと相談したうえで移行しましょう

やってみよう!

Step 3 おそとに行こう!

靴をはく工程を分解して、ひとつずつていねいにとり組んでみましょう。
お気に入りの靴で、外に遊びに行くワクワク感を感じながら練習を。

ペッタン
できたかな？

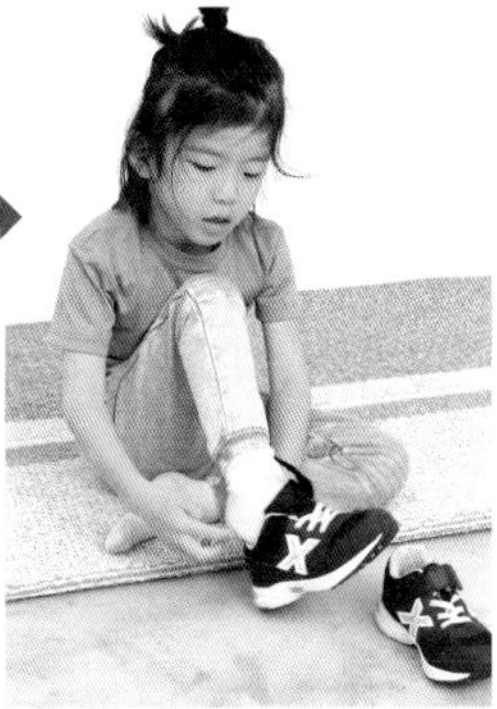

❶ 面ファスナーをはがして足を入れて…

面ファスナーをはがして靴のかかと部分を手で押さえて、靴に足を入れ、中まで足を入れます

面ファスナーをはがしやすいように靴を押さえたり、足を入れやすいようにかかと部分を押さえるなどの補助をしましょう

❷ かかとをトントンしてペッタン

靴に足が合うようにかかとをトントンして調整し、面ファスナーをとめましょう

できた！のためのポイント

- 面ファスナーをはがす、足を入れる、かかとをトントンする、面ファスナーをとめる。**1工程できるごとにたくさんほめてあげましょう**
- 初めは最後に面ファスナーをとめるところから練習し、**徐々に親の手助けを減らしていく方法もおすすめ**です
- **慣れてきたら、立った状態からはくことにもチャレンジ。**体を支えてあげながら練習してみましょう

お悩み

自分で靴下をはけるようになってほしい

自分のことを自分でする身辺自立の第一歩としてぴったりなのが「自分で靴下をはく」こと。「上手にはけたらポイントゲット」とごほうびシールなども使いながらやる気を引き出しましょう。

Step 1 できるかな？チェック
（どこでつまずいているか）

- □ 靴下のはき口（穴）に足を入れることができない
- □ 靴下を片手で引っぱっている
- □ 靴下をはいたときにつま先とかかとが合っていない

Step 2 これを目指そう
計画（目標）

座った状態で靴下をはくことができる

靴下にしっかりと注目して見ることができているか、靴下を持つところが適切か、靴下を引っぱり上げるときにバランスをくずしていないかなどのポイントを確認しながらとり組んでください。

これを用意しましょう

- 靴下

くるぶしまでの靴下のほうが難易度は低いです。子どもの様子に合わせて調整してみてください

やってみよう!

Step 3 しゅしゅっとでーきた

靴下をはく工程を分解して、1つずつとり組んでみましょう。一部分でもできたらたくさんほめてあげたり、お着替え競争をしたりするのもやる気がアップするコツです。

① 靴下の両端を持って足を入れよう

靴下をかかとが下になるように置き、子どもを床に座らせます。靴下のはき口の両端を持って足を入れます

② しゅしゅっと引っぱろう！

靴下の口を上に引っぱり上げ、かかととつま先が合うように調節します。かかとが合っているか確認させるために「かかと、ぴったりしてる？」など声がけを

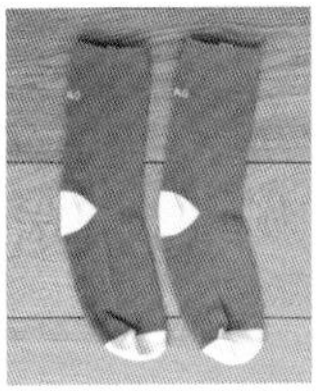

靴下の両端を持つのがむずかしい場合は、はき口の両端に洗濯ばさみを1つずつつけてみましょう。かかととつま先がわかりやすい靴下を使うのもいいでしょう

ひとりで引っぱることがむずかしい場合は、手をとって一緒に引っぱる補助をしましょう

できた！のためのポイント

- **1工程ずつできたらほめて**あげましょう
- 難易度を下げるには、**くるぶしまでの短い靴下を使う**、初めは親がほとんど手助けをして、**最後のかかととつま先を合わせるところのみ練習する**などして、少しずつ手助けを減らしましょう
- 難易度を上げるには**長い靴下で練習したり、立った状態ではく練習**をしたりしましょう

お悩み

自分でTシャツを着られるようになってほしい

汗をかいたり、汚してしまったり、子どもは大人に比べて着替える機会が多いもの。素早く着替えができることで集団生活でもほめられることが増え、自信にもつながります。

Step 1 できるかな？チェック（どこでつまずいているか）

- ☐ そでに手を入れられない
- ☐ 首とそでを間違えてしまう
- ☐ 前後を間違えてしまう

Step 2 これを目指そう 計画（目標）

ひとりでTシャツを着ることができる

頭を入れる、腕を通す、Tシャツの下側を引っぱって整えるなど、一部分でもできたところまでをしっかりとほめながら練習しましょう。

これを用意しましょう

- Tシャツ

前後を間違えて着てしまうことが多い場合には、服の前面にイラストがあるものなど、前後がわかりやすい服で練習しましょう

やってみよう！

\Step/
3 すぽっと変身！

Tシャツを着る工程を分解して、１つずつとり組んでみましょう。プロセスの最後から練習し、少しずつ親の手助けを減らしていく方法もおすすめです。

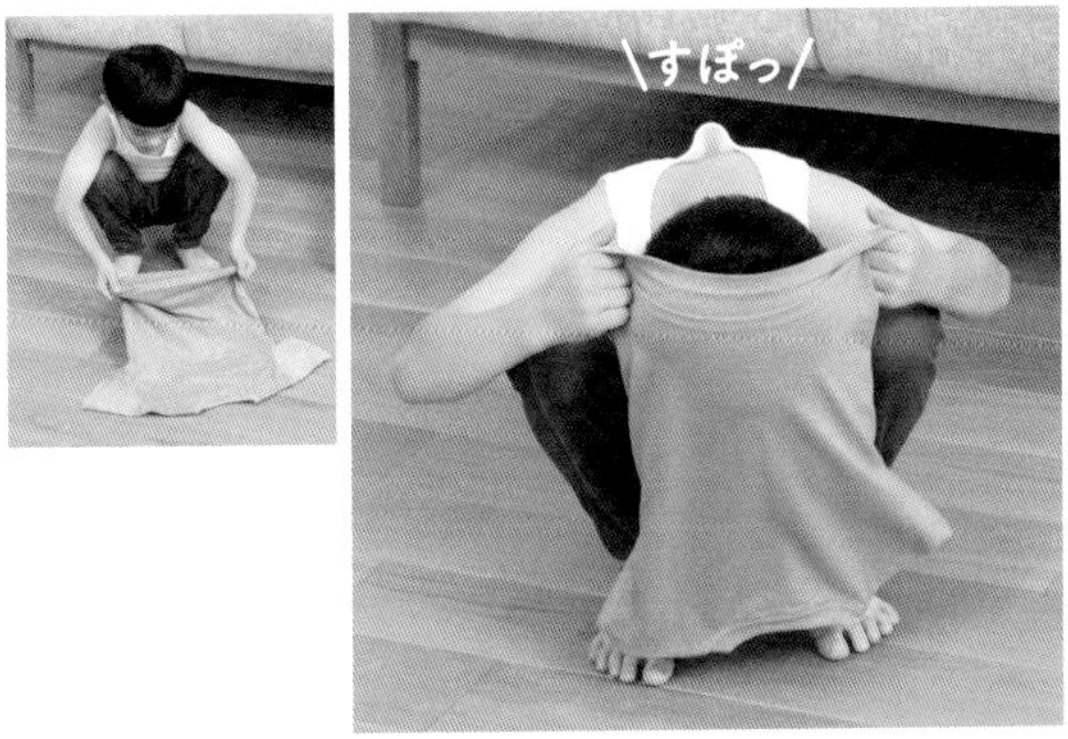

❶ すそを持って頭をすぽっ

Tシャツの背中側の面が上になるように置き、すその両端を持ち、Tシャツをたぐり寄せて頭を入れます

Tシャツのすその両端を持たせてあげたり、たぐり寄せる見本を見せるなどしてサポートしましょう。「真ん中に頭を入れよう」など声がけも

❷ 腕を出して整えよう

腕をTシャツの中に入れ、そで口から出します。反対側も同様に。最後にTシャツのすそを下に引っぱって整えます

むずかしい場合は腕をとって引っぱってあげるなど補助しましょう。「腕が出てくるかな？」と声をかけるのもいいですね

できた！のためのポイント

- 難易度を下げるには**大きめのTシャツ**で、難易度を上げるには**長そででやってみましょう**
- 「上手に着ることができたらポイントゲット」など**ごほうびシールを使ったり、お着替え競争をしたりすると楽しく練習できます**

お悩み

自分でズボンをはけるようになってほしい

出かける前など急いでいるときは「早く」とせかしてもなかなかできないものです。靴下やTシャツも同じですが、自分でズボンをはくことも、時間に余裕があるときに練習しましょう。

Step 1 できるかな？チェック
（どこでつまずいているか）

- ☐ 前後を間違えてしまう
- ☐ 1つのはき口（穴）に両方の足を入れてしまう
- ☐ ズボンを引き上げることができない

Step 2 これを目指そう
計画（目標）

ひとりでズボンをはくことができる

靴下、シャツ、ズボンと、子どもがとり組みやすい物からスタートしてみましょう。どこかができると、「ほかのところも自分でやりたい！」というモチベーションが子どもに芽生えてくるはずです。

これを用意しましょう

- ズボン

半ズボンややわらかい素材のズボンのほうが難易度は低いです。また、ボタンやチャックの有無なども確認して、はきやすいものから練習することがおすすめです

やってみよう！

Step 3 出口はどーこだ？

ズボンのはき口を入り口、すそを出口として「出口はどーこだ？」と話しながら練習しましょう。足を電車や車に見立てて擬音語を入れたり、お着替え競争をしたりしながらすると楽しく練習できます。

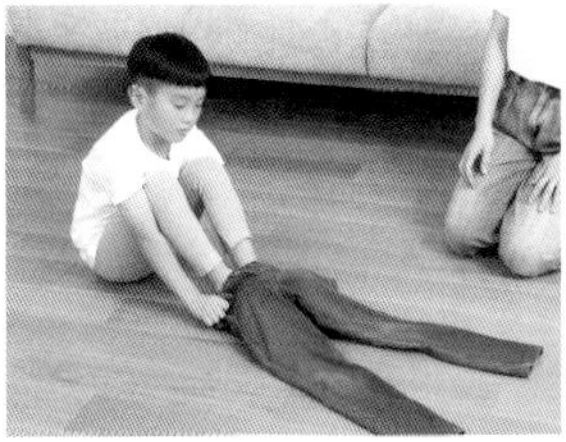

❶ ズボンの腰部分を持って足を入れよう

座った状態でズボンの腰部分を持って、片足をズボンに入れます

❷ 出口はどーこだ？

ズボンの先から足を出します。もう片方も同様に

❸ 立ち上がってかっこよく！

立ち上がってズボンの腰部分を両手で持ってズボンを上に上げます。

前後を確認できるよう「どっちがおしりかな？」と声をかけましょう。ズボンの前の部分に印をつけるのもいいでしょう

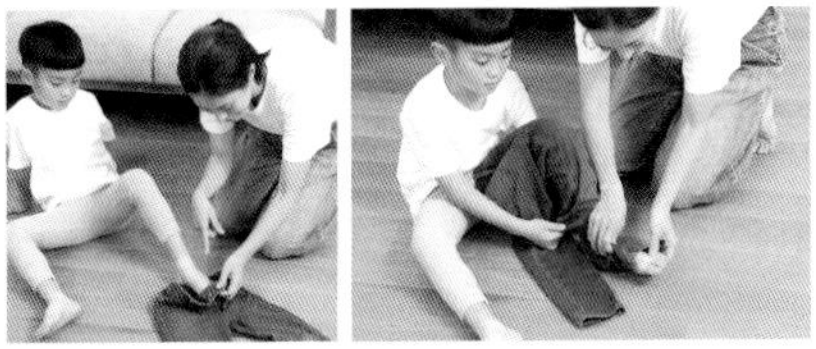

むずかしい場合は「この穴に足を入れるよ」「足が出てくるかな？」など声がけしながら補助しましょう

立ち上がるときにバランスをくずしてしまう場合は、補助しましょう

できた！のためのポイント

- 1工程できるごとに
  「できているよ」「ばっちり！」などとほめてあげましょう
- 難易度を下げるには、**半ズボンや大きめのズボンで練習**してみましょう
- **慣れてきたらファスナーのあるズボンをはく、ズボンの中に下着を入れる、立った状態ではくなどの練習**をしましょう

お悩み

自分で手洗いができるようになってほしい

子どもは手洗いを面倒くさがる傾向があります。まずは手を洗うとさっぱりする、きれいになって気持ちいいことを伝え、その次にきれいに手洗いができることを目指しましょう。

Step 1 できるかな？チェック
（どこでつまずいているか）

- ☐ 手のひら同士をこすり合わせられない（例：石けんをつけてもすぐに洗い流してしまう）

Step 2 これを目指そう
計画（目標）

自分で手を洗うことができる

手洗いの習慣とともに、正しい手洗いの仕方も子どものうちに身につけたいスキルです。洗面台で練習してもOKですが、このプログラムだと水びたしになったり水遊びが始まったりすることを避けられます。

これを用意しましょう

- **ピンポン玉**

子どもの手のひらにおさまるサイズであれば、ピンポン玉でなくてもかまいません

やってみよう！

Step 3

ぴかぴかおそうじやさん

ピンポン玉に顔を描いて「きれいにしてあげようね」と声をかけて手をごしごしこすり合わせる練習をしましょう。親も隣で一緒にやってみると楽しんで練習できます。

❶ 両手ではさんで…

ピンポン玉を子どもの手のひらではさみます

ピンポン玉が手のひらから落ちてしまう、うまく転がせない場合は、後ろから子どもの両手を包み込むようにして一緒に動かしましょう

❷ コロコロ転がしてお掃除！

ピンポン玉を手のひら同士でこすり合わせて動かします。「ボールごしごし」「きれいにしてあげようね」など、声がけをしましょう

ボールに顔を描いて「きれいにしてあげようね」などの声がけをしてみましょう

できた！のためのポイント

- うまく転がせなくても、**手のひらを合わせてこすることができたらOK!**
- ピンポン玉を**転がすことができたら「すごいね」「上手だね」など声がけ**を
- 難易度を下げるには、**細長い鉛筆などを手のひらにはさんで転がして**みましょう。難易度を上げるには**ボールのサイズを小さく**してみましょう

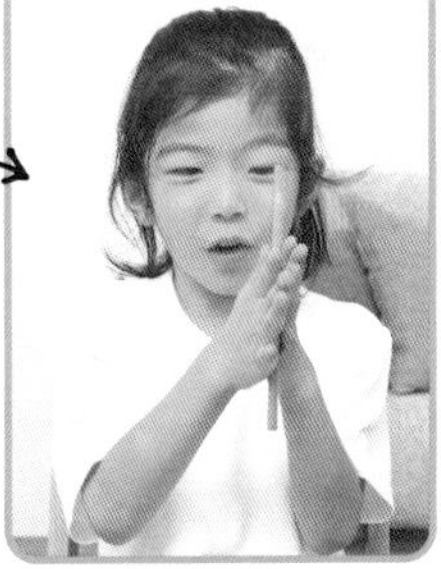

COLUMN

子どもの心の不調 サインとそのケア

「ちょいウキ」のごほうびで日々のストレスを軽減させましょう

昔は「子どもはストレスなんかない」と思われていましたが、さまざまな調査で子どももストレスを抱えていることがわかっています。

何がストレスに感じるかは人によって違うのでなかなか気づきにくいものですが、下に示したようなサインがあったら「ストレスを強く感じているんじゃないかな？」と疑い、早めに対処しましょう。

子どもがストレスを抱えないためにおすすめなのは、「ちょいウキ」のごほうびです。旅行などの「めちゃウキ」は心のエネルギーがたまりやすいですが、頻繁に行くことはできません。それよりも毎日、あるいは週に１回程度実施できる、ちょっとだけ楽しくなったりウキウキしたりすることを見つけましょう。

おやつ、好きなゲーム、アニメ、踊るなど、毎日できて子どもがウキウキすることがポイントです。子どもがそれを自分で見つけることはハードルが高いので、「この子は何をしているときが楽しそうかな？」と探って提案してみましょう。もちろん大人も、ストレスをためないようにちょいウキのごほうびを自分にあげてください。

気持ちの落ち込み（ストレス）のサイン

好きな物に興味をもたなくなった
成績が落ちた・集中していないようだ
食欲が落ちた・増えた
夜寝ていなさそう・寝つけなさそう
イライラしているようになった・攻撃的になった
ポロポロ涙をこぼす・しくしく泣く
いつもできていたことができない・時間がかかる
ボーっとしている・反応が乏しい

「できていること」を分析するのもおすすめ

「できないこと」の理由は、今日は疲れていたから、体調が悪かったから、暑かったから、寒かったからなど、コントロールしきれないことも含めて無限にあります。ここに目を向けると子どもも親もいやな気持ちになってしまいます。

それよりも「できたこと」（まだマシなとき、でもOKです）を分析することによって、できなかったときの場面や感情、体の状態などを、できたときの状況に近づけるかたちでコントロールできるようになります。子どもにも「できたね」「上手になってきたよ」と伝えることで、ストレスの軽減や自信につながります。

Part 4

こんなとき どうする?

マンガでわかる

「行動に着目して子どもを理解する」って?

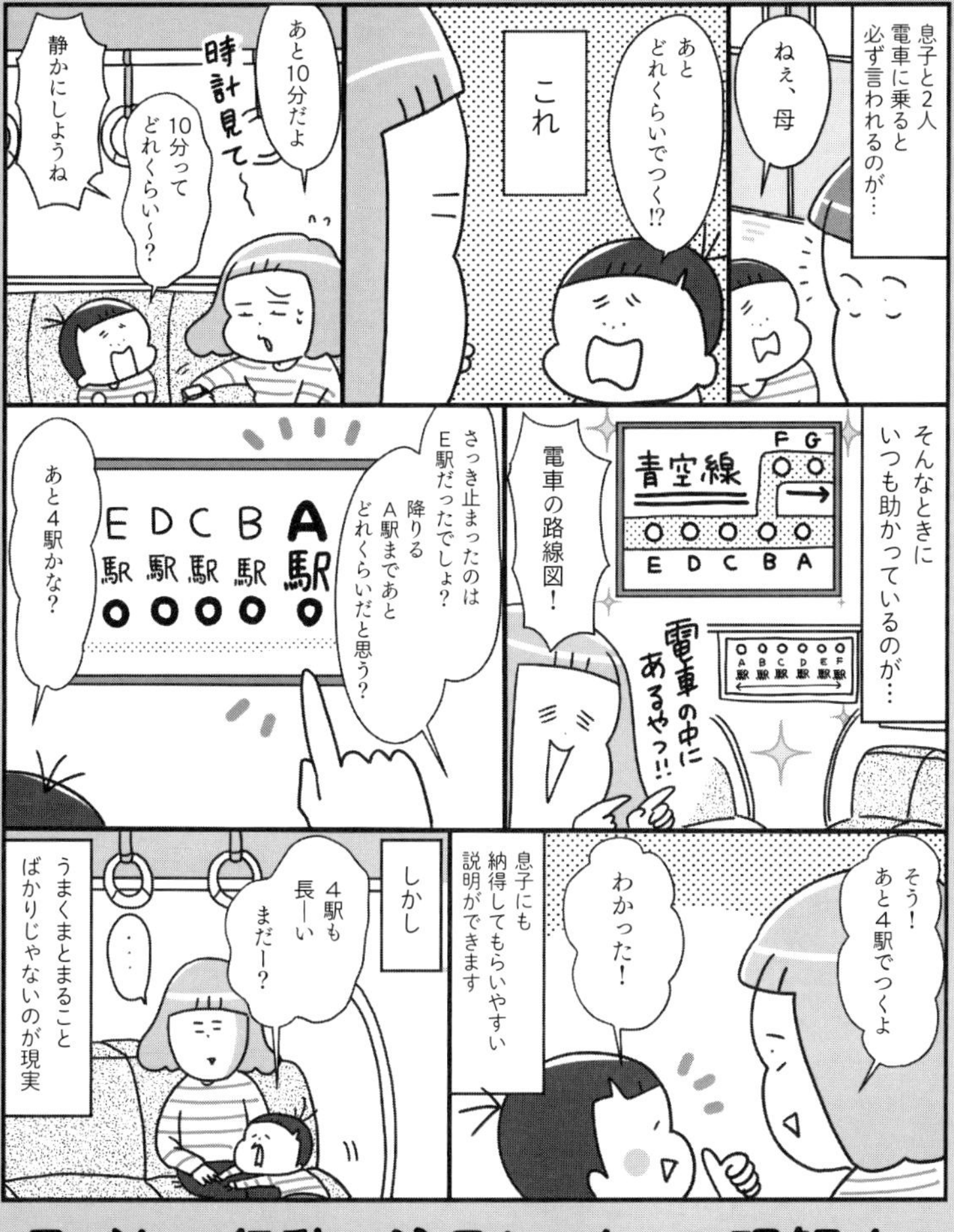

ユキミ

漫画家、イラストレーターで、2015年生まれの息子の母。自身がHSP[*1]であり、HSC[*2]の息子の育児をブログ「ちょっときいとくれよ」内にてマンガ形式で配信。敏感な気質ゆえの生きづらさ、子育てのしづらさを当事者が軽快なタッチで語ったマンガが注目を集める。女性誌やWEBなどで連載多数。

子どもの行動に注目してもっと理解するにはどうすればいい?

次のページから、専門家がマンガで解説!

*1 Highly Sensitive Person（ハイリー・センシティブ・パーソン）：非常に感受性が強く敏感な気質をもった人のこと。
*2 Highly Sensitive Child（ハイリー・センシティブ・チャイルド）：非常に敏感な特性をもった子のこと。

RESTAURANT
あお!!
やめなさーい!!
手づかみで食べないの!
もぐ
もぐ
フォークがあるでしょ!
サッ
あ!!
あお〜!!
いえ〜い♪
大変そうですな
檜山さん
ですね、
小関先生
お母さん
がんばってますね

行動観察

心の内面ではなく「行動」にスポットを当てて観察をすること。行動観察をすると問題が整理でき、具体的な支援につなげることができます。

「行動」に注目して考えるために

困った「状況」になった！

↓

子どもにやめさせたい困った「行動」は何？

↓

本来とってほしい望ましい「行動」は？

↓

望ましい行動がとれるようにするためには〝どこにつまずいているか〟を整理して望ましい行動の具体的な方法を伝える

次に困った行動のかわりになる行動を探ってみましょう
①フォークやスプーンで食べる
②小さな声で話す
③席に座る
この3つをしてほしいんです!
「やめなさい」だけでは子どもは何をしたらいいかよくわかりません
やめなさい!!
「こうしたらいいんだよ」という行動を具体的に伝えることが重要です
な、なるほど〜!!
私もパニックになっちゃってやめさせることに必死になっていました…!!
申し遅れましたが私たちこういうものです
私は発達障害の専門家
大学で子どもたちの療育について研究しています
小関先生
ぼくは「スタジオそら」で発達支援療育に関わっています
檜山さん
なんだか頼りになりそう

ちなみにかわりの行動を促す以外に
「環境を調整する」ことも有効です
たとえば座ってほしいとき…
ガタッ
いすの場所やいす自体を座りやすいものに変えるなど
環境をちょっと変えてあげるだけで困った行動がなくなることもありますよ
あおくんはソファより背もたれのあるいすのほうが座りやすいかもしれませんね
スッ…
チャンッ!!
座ってます!!
よかったです
…
まだ何かお悩みが？

立ち上がるだけでなく食事自体もあんまり集中して食べてくれなくて…
ブン
ブン
おや…
あおくんはどんなときなら一人で食べられますか？
私が食べさせてあげたり…
あーん
あとはまだおはしが苦手で…スプーンやフォークならなんとか自分で食べてます
もぐ
もぐ
なるほど
あおくんははしでつかむのが苦手で
食べることにつまずいているのかもしれませんね
!!
ひとつの行動ができないときにどこまでできていてどこがうまくいかないか探してみましょう

食べることひとつとっても**行動はこまかく分けられる**んです
箸で食べ物をつかむ
スッ……
それを口の中へ
あーん
運ぶ
口の中に入れたものを噛む
もぐもぐ
飲み込む
ごくんっ
確かにこんなにがんばることがあるんですね…!!
ひえ〜〜
あおくんの場合はフォークやスプーンで食べられますから
最初の「はしで食べ物をつかむ」がつまずいていると予測できます
行動をこまかく分析してつまずきポイントを見つけていくんですね
そのとおり!

はしの練習をするときも指の形はＯＫかどうか
上すぎる？

持つ部分は合ってるかなど それもこまかく分解するとできやすくなります
はしの持つ部分にシールを貼るなど視覚的に補助してあげるのもいいですね
これならすぐにできそう！

へーーっ!!

【視覚的プロンプト】

プロンプトとは「〇〇を刺激する」「促す」「引き起こす」などの意味をもつ英語。視覚的プロンプトは「目で見てわかる行動を促すもの」を意味します。

ほかにも言葉で行動を促す「言語的プロンプト」や、手とり足とり教える「身体的プロンプト」などがあります。

子どもの行動をこまかく分析して支援するって大切なんですね…

今までやみくもに「やめなさい」しか言えませんでした…

しゅん…

突然の事態だとお母さんもあせりますよね
先生たちやさしい…

これからは「こうしたらいい」を一緒にあおくんへ伝えていきましょう！

あお、やめてよ！今私が使ってるの！
やだぁぁぁぁ!!
やめなさーい!!
わああああ
だってあおが！私が使ってるのに!!
檜山さん 我々の出番でしょうか
キラッ
行きましょうか 小関先生
コンコン
そういうときは きっかけや行動を 操作してあげましょう
小関先生⁉ 檜山さんも…!!

まずは「してほしい行動」を確認しましょう
かして
おもちゃを無理やりとるのではなく「貸して」と言ってほしいです
でしたらあおくんがおもちゃをとりそうなときにママが…
おもちゃが欲しいときになんて言うんだっけ?
か?
し?
かして
【きっかけの操作・行動の獲得】
いい行動を増やしたい、してほしくない行動を減らしたい場合にそれが出やすいきっかけを意図的に作ったりなくしたりすることを「きっかけの操作」と言います。
「行動の獲得」は具体的な行動を教えること。きっかけの操作と同時進行でしていくといいでしょう。
かして
そう!よくできました
おねえちゃんあおくんががんばって貸してって言えたからおもちゃ貸してあげられそうかな?
パチ
パチ
うん!
ありがとう

あおくん
おねえちゃんが
おもちゃを貸してくれたよ
なんて言うんだっけ？
ありがとう
そう！
上手に言えました！
すごい…
こんなやりとりが
できる日を
ずっと待ってました
でも…
こんなにうまくいく日
ばかりじゃないですよね…
急にショボーーン…
ん？
といいますと？
今は家の中なので
私もあおをしっかり
見られるのですが…
幼稚園や公園とか
一歩遅かった…!!
ってことがよくあります
あっ!!
ぼくの〜
理想は
あおがおもちゃをとる前に
私が止めることですけど
外だと
なかなか追いつかない
ことも多くて…
あおー!!
待ちなさああい!!
なるほど

おもちゃをとったあとでも「貸してって言おうね」と伝えてください
貸してって言おうね
かして
そして「貸して」と言えたら言えたことをほめてあげてください
おもちゃとってるのにほめていいんですか!?
はい
まずは言えたことをほめてあげましょう
そのうえで「次はおもちゃをとる前に貸してって言おうね」とつけ加えてあげてください
ほめずに即そのセリフを言ってました…
行動のあとにほめられるなどのいいことがあるとその行動が起こりやすくなります
できたポイントをほめることで自己肯定感が生まれます
かしてと言えてえらいで賞!!
とはいえとる前に言えるのが一番いいですけど…

…お母さん 困った行動が一日で なくなることはありません
完璧を目指すと ママもお子さんも つらくなってしまいます
目標は これです！
バンッ
これなら日々 ママもお子さんも 達成感が出ます！
ちょっと がんばれば できるもの
【スモールステップ】
目標を「ちょっとがんばればできるもの」に設定すること。小さな目標を日々達成することで親子ともに気持ちがラクに生活できます。
ちょっと がんばれば できるもの
叱ってばかり 叱られてばかりで 親子関係が悪くなることも 少なくなりますよ
思えばいつもあおに 怒ってばかりで… 私も落ち込んでました
これからは あおの行動をよく観察して ほめることが増えるように していきたいです！
前向きなお母さん、 素晴らしいですね
大人も ほめられたら うれしいもんね

おわりに

保護者の皆さまが子育てをする際、ご自身の子ども時代の体験をもとにうれしかったことや、それをしてもらった経験を思い出し、自然と追体験している方も多いと思います。あるいは、専門書やテレビ、インターネットなどから得られる多くの情報から学び、試行錯誤をくり返しながら、日々わが子と関わっているのではないでしょうか。

一方で、その多すぎる情報の中から何を重視すればいいのか混乱してしまうこともあるはずです。

本書では、普段のお子さんとの関わりの中で皆さまが実践していることに加え、どのような工夫をするとより効果的かを紹介しています。また、意図せず工夫できていて効果をもたらしている場合、確信をもってそれらを実践できるように、保護者の関わりに必要な考え方をできるかぎり簡潔にまとめました。

極端にできていないことに目を向けるのではなく、一連の行動の中からできている、できそうな行動に目を向けて次のステップを考えること。これは、保護者の方ご自身の成功体験にもつながり、お子さんとともに成長を実感できる重要なポイントだと考えます。

2冊目となる次回は、構造化の種類やその利点、スケジュール提示のポイントを理解し実践することで、お子さんが安心できる環境調整の仕方などについてまとめていきます。

子どもの数だけ、学び方や成長があります。

それと同じように子どもと関わる保護者、支援者の数だけ思いがあります。

ぜひ、本書を読むことでそれぞれの思いを大事にしながら、関わる方たちがより安心してお子さんと接し、たくさんの子どもたちの笑顔につながる一助になれば、私たちにとって望外の喜びです。

本書をお読みいただきありがとうございます。

発達障害療育研究所／事務局長
檜山博一

児童発達支援と放課後等デイサービス

障害児通所支援事業とは、児童福祉法に基づき、障害のあるお子さんや発達にでこぼこや遅れがあるお子さんに療育を提供する事業です。

また、この事業は児童発達支援、放課後等デイサービス、保育所等訪問支援などいくつかの種類に分かれており、お子さんの年齢や状態に応じてサービスを利用することができます。

スタジオそらでは、東京・神奈川を中心とした幅広い地域に事業所を開設し、その地域にある社会資源を活用しながら児童発達支援（未就学児対象）・放課後等デイサービス（就学児対象）を運営しています。

STAFF
ブックデザイン／木下恭子、浜田美緒（ohmae-d）
編集・文／佐藤真紀
撮影／目黒（meguro.8）、柴田和宣（主婦の友社）
イラスト／カツヤマケイコ
マンガ／ユキミ
モデルキャスティング／鈴木晶子
担当編集／諏訪京子（主婦の友社）

スタジオそら式《しき》
おうち療育《りょういく》メソッド1　行動編《こうどうへん》

令和5年３月20日 第1刷発行

著　者　スタジオそら／発達障害療育研究所《はったつしょうがいりょういくけんきゅうじょ》
発行者　平野健一
発行所　株式会社主婦の友社
〒141-0021
東京都品川区上大崎3-1-1目黒セントラルスクエア
電話　03-5280-7537（編集）
03-5280-7551（販売）
印刷所　大日本印刷株式会社

ISBN978-4-07-453486-9

※本書で紹介しているプログラムは、お子さんの状況に合わせて無理をせず安全に配慮して行ってください。
※本書で紹介しているプログラムについて商用利用をご希望の場合は、「スタジオそら」公式ホームページ内にあるお問い合わせフォームから事前にご連絡をするようお願いします。

檜山博一
発達障害療育研究所／
事務局長

スタジオそら事業本部長・法令遵守責任者・発達障害療育研究所事務局長。療育メソッド確立のため、SORA DESIGN PROJECTを立ち上げ、プロジェクトリーダーに就任。社内専用学習サイト「SORACOLLE」の制作など療育の質を高める活動をする一方で社内の法令遵守責任者に就任。療育と運営の両面にて統括を担う。

小関俊祐
発達障害療育研究所／
顧問

桜美林大学リベラルアーツ学群准教授。公認心理師、臨床心理士、認知行動療法スーパーバイザー。一般社団法人日本認知・行動療法学会理事及び企画委員長、一般社団法人公認心理師の会理事及び教育・特別支援部会長、日本ストレスマネジメント学会常任理事及び研修委員長などを務める。2019年より発達障害療育研究所・スタジオそら顧問として活動。

協力スタッフ
SORA DESIGN PROJECT member
中村祐里/由谷青波/小寺沙季/阿部成太郎
立石花織/小川宜慶/宮尾星良/佐々木祐介/中垣舞香/金子 力/橋本真佐美/新井祐太/佐藤達哉/吉次遥菜/川端日香里

アドバイザー
片倉裕司

キッズ＆親子モデル
飯塚茉優ちゃん、岡本ヤマトくん・ハナママ、
小関陽葵ちゃん、佐藤 成くん・夏絵菜ママ、
辻村晴道くん、辻村衣采ちゃん、
檜山緋夏くん、宮野杏奈ちゃん